大数据技术在电子商务供应链管理中的应用与优化

谢 芳 著

中国商业出版社

图书在版编目(CIP)数据

大数据技术在电子商务供应链管理中的应用与优化 / 谢芳著. -- 北京 : 中国商业出版社, 2024.4

ISBN 978－7－5208－2891－8

Ⅰ. ①大… Ⅱ. ①谢… Ⅲ. ①数据处理－应用－电子商务－供应链管理－研究 Ⅳ. ①F713.36②F252.1

中国国家版本馆 CIP 数据核字(2024)第 076868 号

责任编辑:朱丽丽

中国商业出版社出版发行
(www.zgsycb.com　100053　北京广安门内报国寺 1 号)
总编室:010－63180647　编辑室:010－63033100
发行部:010－83120835/8286
新华书店经销
北京虎彩文化传播有限公司印刷

*

787 毫米×1092 毫米　16 开　8.25 印张　148 千字
2024 年 4 月第 1 版　2024 年 4 月第 1 次印刷
定价:45.00 元

* * * *

(如有印装质量问题可更换)

前　言

随着电子商务的飞速发展，供应链管理面临前所未有的挑战。传统的供应链管理方式已经难以满足当今市场的需求，尤其是在数据量庞大、信息流动加速的环境下。此时，大数据技术的崛起为电子商务供应链管理带来了新的机遇。大数据技术以其强大的数据处理能力、深度挖掘能力和实时分析能力，为供应链优化提供了强大的支持。通过大数据分析，企业可以更准确地掌握消费者行为，更精确地预测销售量，从而制订出更有效的生产和物流计划。大数据技术还可以帮助企业发现潜在的市场机会，开发新的产品和服务，进一步拓宽商业领域。

未来，随着大数据技术的进一步发展和完善，我们有理由相信，大数据技术将在电子商务供应链管理中发挥越来越重要的作用，为企业创造更大的价值。

本书以大数据技术概论为切入点，论述了电子商务供应链与其管理、大数据技术在电子商务供应链管理中的应用，并深入探讨了基于大数据技术的电子商务供应链管理优化。希望本书的介绍，能够在大数据技术在电子商务供应链管理中的应用与优化方面为读者提供帮助。

本书在撰写过程中参阅了同领域的专著及文献，在此向这些作品的作者表示衷心感谢。由于时间仓促，书中难免存在疏漏，不足之处恳请读者批评指正。

谢　芳

2024 年 1 月

目　录

第一章 大数据技术概论

第一节 大数据的基础知识

一、大数据的定义

大数据是指规模巨大、复杂多变并具有高速处理要求的数据集合。这些数据集合通常包含结构化数据和非结构化数据，涵盖了从传感器数据和社交媒体数据到日志文件和图像等各种形式的数据。这些数据集合往往需要通过特殊的技术和工具进行收集、存储、处理和分析。

随着技术的应用和发展，人们对大数据的认知得到了不断扩展和深化。过去，大数据主要关注数据的规模，即数据量超过了传统数据库的处理能力。然而，随着人们对数据更多的理解和运用，大数据的定义逐渐扩展为对数据的速度和种类的关注。如今，大数据已经成为经济和社会发展不可或缺的一部分。

二、大数据的类型

（一）结构化数据

结构化数据通常以表格形式存在于数据库中，并且具有明确的字段和数据类型。这类数据非常规范和整齐，确保可以方便地进行存储、检索和分析。

在大数据中，结构化数据通过严格定义的模式和关系，使数据的组织和访问变得更加简单和高效。这种数据类型主要包括数字、文本、日期、时间、布尔型等常见的数据类型。例如，电子表格中的销售记录、客户信息数据库中的个人资料等都属于结构化数据的范畴。

结构化数据的特点之一是其具有明确的模式和结构，这使得数据的提取、转化和加载过程相对容易。这种数据能够被简单的查询语言（如 SQL）所处理和分析，并且常见的数据分析工具和技术都可以很好地支持结构化数据的处理。

结构化数据允许进行各种类型的连接、聚合和排序操作，以便从中获得有意义的见解和洞察。通过对结构化数据的处理和分析，人们可以发现数据中的模式、关联和趋势,从而为业务决策提供支持。

结构化数据尽管具有很多优势和便利性,但也存在一些挑战。结构化数据的处理通常需要专业的数据库管理系统和技术。由于结构化数据的定义和模式较为严格,因此在处理和存储大量结构化数据时,可能需要相应的硬件和软件资源。

(二)非结构化数据

非结构化数据是指那些没有明确定义数据模式和格式的数据。与传统的结构化数据不同,非结构化数据没有规定的标准字段和表结构,因此不容易通过传统的关系型数据库来存储和处理。非结构化数据的来源多种多样,包括文本文件、音频文件、视频文件、图像文件等。

1. 文本数据

文本数据通常以自然语言的形式存在,如文章、邮件、社交媒体更新等。由于非结构化数据的文字内容具有很高的灵活性和多样性,因此在处理过程中需要使用自然语言处理技术进行分析和提取。通过文本挖掘、词频分析和情感分析等技术,可以从非结构化的文本数据中获取有价值的信息。

2. 音频和视频数据

音频和视频数据以多媒体的形式存在,如音乐、语音记录、视频剪辑等。由于音频和视频数据并不具备明确的结构,因此在处理过程中需要将它们转化为机器可读的形式。目前,语音识别和图像识别技术得到了广泛应用,通过这些技术可以将非结构化的音频和视频数据转化为结构化的数字表示,从而方便后续的处理和分析。

3. 图像数据

图像数据是通过传感器捕获的视觉信息,如照片、绘画、地图等。由于图像数据的复杂性,处理非结构化的图像数据需要使用计算机视觉技术。计算机视觉技术可以识别和理解图像中的特征和对象,通过分析这些特征,可以从图像数据中提取有用的信息。

(三)半结构化数据

在大数据的类型中,半结构化数据被认为是一种特殊的数据形式。与结构化数据和非结构化数据相比，半结构化数据不仅具有一定的标识和组织结构，也存在一些灵活性和可变性。

半结构化数据通常以一种混合的形式存在，既存在一定的结构化元素，又存在一定的非结构化特征。这种数据通常被存储为XML（可扩展标记语言）或JSON（对象表示）格式。在半结构化数据中，某些元素具有预定义的结构，而其他元素可能没有明确的结构，或者允许有灵活的结构定义。

半结构化数据的来源非常广泛。在互联网上，网页的HTML（超文本标记语言）代码和XML结构就是常见的半结构化数据。此外，电子邮件的正文和附件、社交媒体上的帖子和评论、传感器数据等也可以视为半结构化数据的来源。

半结构化数据具有一些显著的特征。首先，半结构化数据可以灵活地适应不同的数据结构需求，更容易实现动态的数据模型变化。其次，半结构化数据可以存储和查询非结构化或半结构化的信息，为大数据分析提供更多的可能性。最后，半结构化数据可以轻松地进行数据交换和共享，从而促进跨组织和跨平台的数据整合。

半结构化数据在大数据中发挥着重要作用。半结构化数据可以用于构建更全面的数据模型，使分析人员能够更好地理解数据的内在关联和含义。半结构化数据也可以用于发现隐藏在非结构化或不明确结构数据中有价值的信息。半结构化数据的使用还有助于构建更准确和细粒度的数据模型，从而提高数据分析和决策的精度。

三、大数据的来源

（一）互联网数据

随着互联网的快速发展和普及，各种类型的数据在互联网上得以广泛生成和传播。互联网数据主要包括文本、图片、音频、视频等多种形式。互联网数据具有以下几个特征。

1. 规模庞大

互联网上每天都会产生海量的数据，包括搜索引擎的查询记录、社交媒体的用户发帖、网站的访问日志等。这些数据体量庞大，需要借助大数据技术来处理和分析。

2.多样性

互联网是一个信息交流的平台，各类用户在互联网上产生的数据非常丰富多样，如电子商务网站上的消费者购买记录、社交媒体平台上的用户评论、在线教育网站上的学习行为数据等。这些多样化的数据类型为大数据分析提供了更加丰富的信息资源。

3.高速增长

互联网的发展速度惊人，每年新上线的网站、应用程序和社交媒体平台都在产生新的数据。而且随着物联网技术的普及，越来越多的设备和传感器连接到互联网上，产生的数据量持续增加。

4.时效性

互联网上的数据更新速度非常快，用户的实时行为数据可以立即被采集和分析。例如，搜索引擎可以实时记录用户的搜索行为，社交媒体平台可以实时跟踪用户的动态。这些实时数据为企业和研究机构提供了即时决策的依据。

（二）企业数据

企业数据是指由企业内部生产、经营、管理等活动所产生的数据。随着企业日常活动的不断进行，各个部门积累了大量的数据，这些数据包含企业的运营情况、市场销售数据、财务数据等多个方面的信息。企业数据的产生是企业活动的必然结果，对企业来说，充分利用这些数据可以为企业的决策提供重要支持。

企业数据可以来源于企业内部的业务系统。比如，企业通常会有自己的客户关系管理系统（CRM），用于记录客户的基本信息、购买记录等。通过分析这些数据，企业可以了解客户的喜好和需求，从而为客户提供更加精准的服务。

企业数据也来源于企业的供应链管理系统。在现代企业中，供应链的管理非常重要，而供应链涉及的各个环节都会产生数据。比如，企业的采购部门可以记录供应商的交货时间、价格等信息，而生产部门可以记录生产进度、产出数量等数据。对数据进行分析可以帮助企业提高供应链的效率，降低成本，提供更好的产品和服务。

企业数据可以通过各种交易系统、销售系统和财务系统等进行收集。这些系统包含了企业的销售数据、财务数据等重要信息。通过对这些数据的分析和挖掘，企业可以了解销售趋势、财务状况等，从而指导企业的战略决策、市场定位等。

企业数据还可来源于人力资源管理系统、生产管理系统等。人力资源管理系统可以记录员工的基本信息、培训记录等，而生产管理系统可以记录生产设备的运行状态、产品质量等数据。通过对这些数据的分析，企业可以了解员工的绩效、产品的质量情况等，从而更好地实现人力资源管理和质量控制。

（三）社交媒体数据

随着互联网的快速发展，人们在社交媒体平台上产生了大量的数据，这些数据包含了丰富的信息和大量的用户行为。社交媒体平台成为人们分享生活点滴、表达观点和建立社交关系的重要渠道。分析这些社交媒体数据，可以深入了解用户的兴趣、态度和行为，进行更精准的用户画像和市场分析。社交媒体数据具有如下几个特征。

1.海量性

每天数以亿计的用户在社交媒体平台上发布信息、进行分享和互动，产生了海量的文本、图片、视频等多媒体数据。这些数据规模庞大，达到了以往无法想象的程度。比如，抖音每天都有数十亿的用户在活跃，这给分析者带来了巨大的挑战和机遇。

2.时效性

人们在社交媒体上发布信息是实时的，信息传播速度非常快，因此社交媒体数据对于事件追踪、舆情监测等领域具有重要意义。通过即时地监测社交媒体中的相关话题和关键词，企业可以抓住用户的兴趣和需求变化，更加及时地做出决策。

3.多样性

不同的社交媒体平台和用户行为形式使社交媒体数据呈现出多样化的特点。社交媒体数据不仅包括文字、图片、视频等多种形式的内容，还包括用户之间的互动、点赞、评论等行为信息。这些多样的数据形式丰富了企业对用户行为和用户需求的理解，为更精准的个性化推荐和定制化服务提供了基础。

4.隐私性

尽管社交媒体用户在平台上主动共享个人信息，但个人隐私保护依然是一个重要的问题。在分析社交媒体数据时，需要遵循隐私保护的原则，对个人敏感信息进行处理和保护，确保数据的安全性和合规性。

（四）传感器数据

随着物联网技术的发展，越来越多的传感器被广泛用于各个领域，从而产生了大量的传感器数据。传感器数据是指由传感器感知、采集得到的各种物理量或信号的数据集合。

传感器数据可以来自各种传感器设备，如气温传感器、湿度传感器、压力传感器、光照传感器等。这些传感器被广泛地部署在各种设备、工具以及物体上，通过对周围环境的感知，收集大量的实时数据。例如，通过在城市中部署大量的传感器设备，可以实时监测交通流量、空气质量、噪声水平等重要指标，为城市管理提供数据支持；在农业领域，农民可以通过种植传感器随时了解土壤湿度、温度等信息，从而优化农作物种植策略。

传感器数据的产生具有海量性、实时性和连续性的特点。由于传感器设备发展快速，数据产生的速度越来越快，所产生的数据量也越来越大。传感器数据的实时性很高，能够提供即时的反馈和响应。同时，传感器数据具有连续性，可以提供精细的数据采集和分析。这些特点使传感器数据在各个领域的决策与应用中起到了重要的作用。

传感器数据可以进行多方面的分析和应用。首先，对传感器数据进行分析，可以得出有关物理现象、行为模式等方面的结论。例如，可以了解某一地区的天气变化规律，从而提供天气预报服务。其次，传感器数据可以用于智能系统的建模和预测。利用传感器数据，可以建立物体运动、流量变化等方面的模型，为决策提供依据。最后，传感器数据可以用于健康监测和环境监控等领域，为人们的生活和工作提供更便捷和安全的环境。

四、大数据的特征和作用

（一）大数据的特征

1. 数据量巨大

大数据最显著的特征就是数据的数量庞大。与传统数据相比，大数据以 TB

(万亿字节)、PB(千万亿字节)乃至EB(百亿亿字节)为单位进行存储和处理。这种巨大的数据量是大数据分析与应用的基础。

2.多样性

大数据不仅包含结构化数据,还包括非结构化数据和半结构化数据。这些数据来源广泛,包括社交媒体、传感器、日志文件等。因此,大数据具有多样性,需要采用多种技术手段进行分析。

3.速度快

大数据不断快速产生,要求实时或近实时进行处理和分析。例如,金融交易数据、网络数据流量等需要快速处理,以进行实时决策。

4.数据价值密度低

大数据中存在大量的垃圾数据,也就是与分析目标无关的数据。因此,大数据的数据价值密度相对较低,需要进行有效的过滤和提取。

5.数据质量不确定

由于大数据涉及的数据源广泛,因此数据质量难以保证。不同数据源的数据在格式、结构上可能存在差异,数据的准确性、完整性也存在一定风险。

(二)大数据的作用

1.支持政府决策

大数据的海量性、多样化和实时性使政府能够快速收集、整理和分析各类数据,深度洞察社会经济状况和民众需求变化。政府可以基于这些数据做出更准确、更科学的决策,优化资源配置,推动社会发展,改善民生福祉。

2.提高企业商业竞争力

大数据为企业提供了丰富的市场信息和消费者行为模式。通过深入分析大数据,企业可以更好地了解客户需求,精细化产品定位和市场推广策略。同时,大数据还可以用于预测市场趋势和竞争对手动态,从而帮助企业做出准确的战略决策,提高竞争力。

3.改善社会服务

借助大数据技术，社会服务机构能够更好地了解民生情况，为公众提供更高效、更便捷的服务。例如，基于大数据分析，医疗机构可以实现个性化诊断和治疗，提高医疗质量和效率。此外，大数据还可以用于城市管理、环境保护、教育等领域，推动社会服务创新和改进。

4.推进科学研究

大数据为科学研究提供了强大支持。研究人员可以利用大数据进行实证分析和研究，发现规律和模式，从而解决现实问题。在医学、天文学、地球科学等领域，大数据的应用已经取得了显著成果，推动了科学进步和技术创新。

第二节　大数据的关键技术

一、大数据采集与预处理技术

(一)数据采集方法

数据采集是大数据处理的第一步，涉及从各种数据源中收集数据的过程。在大数据时代，数据采集方法的选择非常重要，因为数据的质量和准确性直接影响到后续的数据处理和分析结果。

1.传感器技术

例如，在物联网中，通过各种传感器可以实时获取各类设备和物品的数据，如温度、湿度、压力等。这些传感器可以连接到云平台或数据中心，对采集到的数据进行实时传输和存储。

2.网络爬虫技术

网络爬虫是一种自动化程序，可以模拟人类用户浏览网页的行为，从网页中抓取所需的数据。通过设置合适的策略和规则，网络爬虫可以定期、自动地抓取大量的数据。例如，搜索引擎公司可以使用网络爬虫技术从各个网站收集数据，构建自己的搜索索引。

3. 日志文件

许多系统和应用程序会生成日志文件，记录用户的行为、系统性能等信息。这些日志文件可以作为宝贵的数据资源，分析日志文件可以揭示用户行为模式、系统故障等信息。例如，电商平台可以利用用户购买记录的日志文件来分析用户购买偏好，从而优化商品推荐。

（二）数据预处理技术

数据预处理是大数据处理过程中的关键环节，其主要目的是对采集到的原始数据进行清洗、转换和整理，以便后续的数据处理和分析。数据预处理技术的应用可以有效地提高数据的质量和准确性，为后续的决策和分析提供可靠的基础。

1. 数据清洗

在大数据采集过程中，经常会出现各种异常数据，如缺失值、错误值、重复值等。针对这些问题，可以采用各种方法进行数据清洗，包括删除缺失值、修正错误值、合并重复值等。数据清洗的目的是确保数据的一致性和准确性，为后续的数据处理和分析提供干净的数据源。

2. 数据转换

原始采集的数据可能以不同的格式存储，如文本、图像、视频等。为了方便后续的数据处理和分析，需要将这些数据转换为统一的数据格式。常用的数据转换方法包括文本转换、图像压缩和视频编码等。数据转换的目的是使数据更易于处理和分析，提高数据处理的效率和准确性。

3. 数据整理

在采集和预处理过程中，往往会有不同来源的数据需要进行整合和合并。数据整理的主要任务是将不同来源的数据进行标准化整合，以便后续的数据处理和分析。常用的数据整理技术包括数据合并、数据透视和数据归纳等。数据整理的目的是提高数据的一致性和可用性，为后续的数据处理和分析提供统一的数据集。

(三)数据质量评估

在大数据处理过程中,数据质量直接影响着后续数据分析和决策的准确性和可靠性。数据质量评估旨在发现数据中存在的问题并提供可行的解决方案,以保证数据的准确性和完整性。

数据质量评估需要建立适当的评估指标体系。评估指标体系可以根据数据的特点和实际需求灵活设计,通常包括数据的准确性、完整性、一致性、唯一性等方面的指标。每个指标都可以根据实际情况给予相应的权重,以反映其对数据质量的重要程度。

数据质量评估可以借鉴传统的数据质量评估方法,如抽样调查和数据分析等。抽样调查可以从数据集中随机选择一部分样本,并对样本进行详细的数据质量检查和统计分析。抽样调查可以快速发现数据中存在的问题,并给出相应的数据质量评估结果。数据分析可以利用统计学方法和机器学习算法等对数据进行深入分析和挖掘,从而揭示数据中潜在的质量问题和异常情况。

数据质量评估可以结合领域知识和专业经验进行主观评估。专家可以利用其丰富的实践经验和专业知识,对数据质量进行主观评估和判断,专家通过对数据的评估可以发现数据中的隐含问题和特殊情况,并给出相应的处理意见和建议。

数据质量评估需要建立合适的评估模型和工具。评估模型可以根据实际需求和技术特点进行定制开发,以支持多样化的数据质量评估需求。评估工具可以为用户提供友好的界面和操作,方便用户进行数据质量评估和结果分析。

二、大数据存储与管理技术

(一)数据存储技术

在大数据时代,高效的数据存储技术是支撑大数据应用的关键。数据存储技术的发展使海量数据的存储和访问变得更加便捷和灵活。下面介绍几种常用的数据存储技术。

第一种常用的数据存储技术是分布式文件系统。分布式文件系统采用了分布式存储的方式,将海量数据分散存储在多个节点上。这种方式可以提高数据的存储容量和存储性能,并且具备良好的容错性和可扩展性。例如,Hadoop 分布式文件系统是当前最常用的分布式文件系统,它在大数据领域中得到了广泛应用。

第二种常用的数据存储技术是列式存储。与传统的行式存储相比，列式存储将数据按照列的方式进行存储，这样可以更加高效地进行数据压缩和查询操作。列式存储在大数据分析领域有着广泛的应用。例如，HBase和Cassandra等NoSQL数据库就采用了列式存储。

除了分布式文件系统和列式存储，还有一种重要的数据存储技术是对象存储。对象存储将数据以对象的形式进行存储，每个对象都有唯一的标识符和元数据，可以实现高效的数据检索和管理。对象存储适用于大规模数据的存储和处理，并且可以与云计算技术进行深度整合。目前，Amazon S3和OpenStack Swift等对象存储系统成了云存储领域的标杆。

除了以上几种常用的数据存储技术，还有许多其他的技术和方法可以用于大数据存储，如分布式数据库、内存数据库、图数据库等。每种技术都有其适用的场景和优势，可以根据具体应用需求进行选择和配置。

(二)数据管理策略

在大数据时代，高效的数据管理策略是确保数据质量和数据价值的重要手段。数据管理策略包括数据整理、数据清洗、数据集成和数据质量控制等方面，旨在确保数据的准确性、完整性和可用性。

1.数据整理

数据整理包括对原始数据进行收集和整合。比如，从多个数据源中收集数据，将其转化为统一的数据格式等。数据整理能够减少数据冗余和噪声，提高后续数据处理和分析的效率。

2.数据清洗

数据清洗的目的是识别和处理数据中的错误、缺失、异常等问题。例如，数据中可能存在录入错误、缺失值或异常值，这些问题会影响数据的准确性和可信度。利用数据清洗技术，能够有效地消除这些问题，提高数据的质量和可靠性。

3.数据集成

数据集成是将来自不同数据源的数据进行合并和统一处理的过程。在大数据环境中，数据可能来源于不同的系统、数据库或文件，具有不同的格式和结构。数据集成需要解决数据格式转换、数据匹配和冲突等问题，以确保能够在统一的平台上对不同数据源的数据进行有效的管理和分析。

4.数据质量控制

数据质量控制包括数据审查、数据验证、数据监控和数据修复等方面。通过数据质量控制,我们能够识别和处理数据中的潜在问题,确保数据的准确性、一致性和可信度。数据质量控制不仅包括人工操作,还可以借助自动化工具和算法进行数据质量评估和改进。

(三)数据安全与隐私保护

随着大数据的快速发展,对于大规模数据的存储和管理,必须考虑到数据的安全性和隐私保护。下面介绍一些数据安全与隐私保护的技术和策略。

对于数据安全的保护,一种常见的方式是使用加密技术。通过对数据进行加密,可以保护数据的机密性,防止未经授权的访问。加密技术可以分为对称加密和非对称加密两种方式。对称加密使用同一密钥进行数据的加密和解密,保证数据传输过程的安全性。非对称加密则使用公钥和私钥进行数据的加密和解密,不同的是,公钥可以公开,私钥只有数据拥有者持有,这样可以更好地保护数据的安全性。

隐私保护也是大数据存储与管理中的一个重要问题。在处理海量数据的过程中,保护用户的隐私成为一个挑战。一种常见的策略是对个人隐私信息进行匿名化处理。通过将个人识别信息替换为匿名标识,可以保护用户的隐私,同时保留数据的可用性。此外,还可以采用隐私保护算法,如差分隐私算法,通过在数据中引入噪声,实现对个人隐私信息的保护。

为了进一步保护数据安全与隐私,也可以采取访问控制策略。通过为不同用户分配不同的访问权限,限制其对数据的访问范围,可以避免未经授权的数据访问。此外,还可以采用审计策略,对数据的访问进行记录和监控,及时发现和应对数据泄露或非法访问的情况。

三、大数据处理与分析技术

(一)数据挖掘技术

数据挖掘技术是一种处理大数据的重要手段,通过从海量数据中发现隐藏的模式、规律和知识,为决策提供科学的依据。在大数据处理中,数据挖掘技术起着关键作用。

数据挖掘技术能够通过分析大量的数据,发现其中的关联性和相关性。使用数据挖掘算法,能够从海量数据中找出数据之间的潜在关联。例如,通过关联规则挖掘算法,可以从购物篮分析中发现常见的购买组合,从而为商家提供有针对性的营销策略。

数据挖掘技术可以通过聚类和分类算法对数据进行分析和分类。聚类算法可以将相似的数据点归为一类,从而发现数据中潜在的群体结构。对于大数据处理来说,这一技术尤为重要,因为它能够帮助人们理解和判断数据的复杂性和多样性。分类算法则可以将数据点划分到不同的类别中,从而为决策提供参考。

数据挖掘技术可以通过预测和模式识别来分析数据。通过构建预测模型,可以预测未来的发展趋势和情况,为决策提供参考。例如,利用支持向量机算法构建预测模型,可以对股票价格或销售额进行预测。模式识别技术则可以通过对数据中特定模式的发现和识别,帮助人们理解数据中的隐含信息和规律。例如,利用神经网络进行模式识别,可以在图像、语音识别等领域获得较好的效果。

(二)数据分析模型

数据分析模型是大数据处理与分析技术的核心部分,它是通过构建数学模型来挖掘数据中隐藏的规律和趋势的。在大数据时代,由于数据量庞大、数据多样复杂,传统的数据分析方法已经不再适用,因此需要发展适用于大数据的数据分析模型。在大数据分析模型中,常用的方法包括统计学方法、机器学习方法和深度学习方法等。

统计学方法主要基于统计理论和假设,通过对样本数据进行概率统计来推断总体的特征。这种方法适用于数据量不大、样本符合统计假设的情况,但在处理大规模数据和复杂数据时效果受限。

机器学习方法是一种通过计算机自动学习和识别模式对数据进行预测和分类的方法,主要包括监督学习和无监督学习两种类型。监督学习通过已知的输入和输出样本来训练模型,使其能够对未知数据进行预测。而无监督学习则不需要标记的数据,通过发现数据中的内在模式和关系来进行分析。机器学习方法在大数据处理中表现出较高的灵活性和自适应性,能够处理复杂的数据。

深度学习方法是机器学习的一种扩展,它通过构建多层神经网络模型来模拟人脑的神经网络结构,从而进行更深入的学习和理解。深度学习在大数据处理中取得了显著成果，能够处理非结构化数据和高维数据，并且具有较好的泛化能力。

除了统计学方法、机器学习方法和深度学习方法，还有其他的数据分析模型也在大数据处理中发挥着重要作用。例如，决策树模型、支持向量机模型、聚类模型等都可以用于数据的分类和预测。这些模型都具有各自的优势和适用场景，我们可以根据具体的分析任务和数据特点，选择合适的模型进行数据分析。

在使用数据分析模型进行大数据处理时，除了选择合适的模型，还需要注意实验设计和结果的可靠性。为了确保实验结果的准确性，应该合理设计实验方案、选择合适的特征和样本、进行交叉验证等。同时，对于大数据处理的结果，应该进行可视化和解释，将抽象的数据转化为易于理解和应用的形式。

（三）机器学习在大数据处理中的应用

机器学习作为一种基于统计学理论的人工智能技术，正在大数据处理中发挥着越来越重要的作用。在大数据处理过程中，机器学习可以帮助人们从海量的数据中发现模式、提取特征、预测趋势等。下面重点介绍机器学习在大数据处理中的应用。

在大数据场景下，机器学习可以用于数据分类任务。通过训练大规模的数据集，机器学习算法可以学习到数据的特征分布，并根据这些特征将数据分类。例如，在推荐系统中，机器学习可以通过分析用户的历史行为，推荐用户可能感兴趣的商品或内容；在金融领域，机器学习可以通过对用户的消费行为和信用记录进行建模，帮助银行预测客户是否具有违约风险。

机器学习在大数据处理中可以用于数据聚类任务。聚类算法可以将相似的数据样本分组，发现数据集的内在结构和模式。例如，在社交网络中，机器学习可以将用户按照相似的兴趣爱好进行聚类，推荐用户可能感兴趣的人或活动；在医疗领域，机器学习可以通过对病人的病历和病情数据进行聚类分析，帮助医生做出更准确的诊断并提出合理的治疗方案。

机器学习在大数据处理中还可以用于数据预测任务。通过建立数学模型并对已有的数据进行训练，机器学习可以对未来的数据进行预测和估计。例如，在交通领域，机器学习可以根据历史的交通流量数据和天气数据，预测未来的交通拥堵情况，从而帮助交通管理部门做出交通调度和规划决策；在销售领域，机器学习可以根据市场的历史数据和客户的购买行为，预测产品的销售量和市场需求，从而帮助企业制订销售策略和生产计划。

四、大数据可视化与解释技术

(一)数据可视化技术

数据可视化技术通过图表、图形等可视化方式将庞大的数据展现出来,便于人们对数据进行理解和分析。在大数据时代,传统的表格和文字已经无法满足人们对数据的直观感知需求,因此数据可视化技术的发展变得尤为关键。

数据可视化技术的基础是图表的绘制和图形的设计。通过优化绘图算法和图形设计手段,可以将复杂的数据转化为直观、易于理解的图形,提高数据的可读性和可解释性。常见的图表类型包括折线图、柱状图、饼图、散点图等,根据实际需求选择合适的图表类型可以更好地展示数据的特征和关系。

数据可视化技术可以通过交互性的方式增强用户的参与感和数据的探索性。通过使用交互式可视化工具,用户可以根据自身需求调整图表的参数、展示和隐藏特定数据,甚至进行数据的筛选和聚类等操作。这种交互性的设计可以提高数据分析的灵活性和效率,使用户更好地发现数据中潜在的规律和趋势。

数据可视化技术在大数据解释中也起到了重要作用。通过数据可视化,人们可以更好地理解数据的内在规律和趋势以及数据之间的关系。在大数据解释过程中,数据可视化可以帮助人们更加直观地发现数据中的异常点、趋势和规律,从而进一步进行数据挖掘和分析。同时,数据可视化还可以帮助决策者更好地做出决策,降低盲目决策带来的风险。

(二)数据解释方法

在大数据时代,数据解释是将庞大的数据转化为可理解、可应用信息的过程。数据解释方法是指利用有效的技术和工具,对大数据进行分析、处理和解释的方法论。其主要包括统计分析、数据可视化、机器学习和人工智能技术以及文本挖掘和自然语言处理技术。

1. 统计分析

统计分析旨在通过对数据进行概括、总结和推断,揭示数据之间的联系和规律。通过统计分析,我们可以发现数据中的趋势、异常和相互之间的相关性。

2.数据可视化

数据可视化是指利用图表、图形和可交互的界面,将数据以可视化的形式展现出来,帮助用户更直观地理解数据。通过数据可视化,用户可以通过观察图表和图形的特征,发现数据的模式和趋势,并进行深入的数据分析与解释。

3.机器学习和人工智能技术

通过机器学习算法和人工智能模型,我们可以从大数据中自动学习和挖掘隐藏的信息和规律。这些技术能够帮助解释大数据中的复杂关系,提供准确的预测和决策支持。

4.文本挖掘和自然语言处理技术

对大数据中的文本内容进行分析和处理,可以提取出其中的关键信息和知识。这些技术可以帮助用户理解大量的文本数据,找出其中的主题、情感和关系。

第三节　大数据技术的应用

一、大数据技术在金融领域的应用

(一)信用风险评估

信用风险评估是金融领域一个非常重要的问题,它关系到金融机构的稳定和客户的利益保护。随着大数据技术的发展和应用,金融领域在信用风险评估方面取得了一系列的突破和创新。

大数据技术提供了更全面、更精准的信用评估模型。传统的信用评估模型主要依赖于个人的基本信息、财务状况等有限的数据,往往难以准确判断个人的信用风险。而通过应用大数据技术,金融机构可以收集更多的数据源,包括个人在社交网络上的行为数据、网购、旅游等多维度数据,从而更全面地分析客户的信用风险。大数据技术还可以应用机器学习和数据挖掘算法,通过对海量数据的分析,挖掘出更多的关联性和规律性,从而建立更准确的信用评估模型。

大数据技术提供了实时的信用风险监控能力。传统的信用评估模型往往以静态的方式评估客户的信用风险，无法及时发现客户信用状况的变化。而通过大数据技术，金融机构可以实时监测客户的行为数据，包括购买行为、还款行为等，从而及时发现潜在的信用风险。大数据技术还可以结合实时的市场数据和经济指标，对整体的信用风险进行监控和预测，从而提前采取相应的风险控制措施。

大数据技术提供了更个性化的信用风险评估服务。传统的信用评估模型往往只能给出客户整体的信用评分，无法针对不同客户提供个性化的信用风险评估。而通过大数据技术，金融机构可以根据客户的个性化特征和行为数据，为每个客户提供定制化的信用风险评估服务。例如，对于年轻用户和年长用户，可以根据其在社交网络上的行为数据和购买行为的差异，给出不同的信用评估结果。

（二）客户行为分析

客户行为分析是大数据技术在金融业应用的重要领域之一。通过大数据技术，金融机构能够准确了解客户的行为习惯和偏好，制定个性化的营销策略，为客户提供更好的服务体验。

通过大数据分析客户行为模式，金融机构能够深入洞察客户的消费习惯和偏好。传统的金融机构仅仅通过统计分析和小样本调研了解客户行为，数据量有限，难以得出客观、准确的结论。而利用大数据技术，金融机构可以从庞大的数据集中提取出客户行为模式，并通过数据挖掘算法找出其中的规律。例如，通过分析客户的消费金额、购买频率、购买渠道等指标，金融机构可以了解客户的消费偏好，为客户提供个性化的金融产品和服务。

大数据技术可以帮助金融机构识别客户的风险行为。通过对客户行为数据的监测和分析，金融机构可以提前发现潜在风险，减少金融欺诈和违法行为的发生。例如，通过对客户的交易行为进行数据建模和评估，金融机构可以及时发现异常交易和不当行为，并采取相应措施，减少损失。

利用大数据技术进行客户行为分析还能够提高金融机构的市场营销效果。通过对客户数据的挖掘和分析，金融机构可以为不同类型的客户设计个性化的营销策略，提高营销活动的针对性和精准度。例如，根据客户的偏好和需求，金融机构可以向客户推荐符合其需求的金融产品和服务，提高客户的满意度和忠诚度。

（三）资产管理

资产管理是金融机构利用大数据技术来管理和优化其资产组合的重要领域。

通过使用大数据技术，金融机构可以更全面地了解各类资产的表现和风险特征，并对其进行精确的量化分析和预测。

大数据技术为资产管理提供了更准确的数据收集和分析手段。金融机构可以通过收集各种结构化和非结构化数据，如市场数据、交易数据、客户行为数据等，构建全面而细致的资产信息库。这些数据的积累和分析可以帮助金融机构更好地了解资产的价值、特性和风险，从而更准确地进行资产配置和决策。

大数据技术使资产管理更加灵活和高效。传统的资产管理往往依赖于人工判断和经验，但这种方式存在信息获取不全面、分析时间较长等问题。而大数据技术的引入，可以通过自动化数据采集、处理和分析，实现对海量数据的实时追踪和分析，提高资产管理的效率和准确性。例如，金融机构可以利用大数据技术来构建模型，通过对历史数据和实时市场数据的分析，预测资产价格走势和投资风险，从而指导资产配置和交易决策。

大数据技术使资产管理更具风险防控能力。通过对大量交易数据和客户行为数据的分析，金融机构可以快速识别异常交易和欺诈行为。例如，通过对客户交易模式和行为特征的分析，金融机构可以发现潜在的风险行为；通过对市场数据和资产价格的实时监测，金融机构可以发现异常的市场波动和操纵行为。这些信息可以帮助金融机构及时采取风险防控措施，避免金融欺诈和损失。

(四)防止金融欺诈

为了保护金融机构和客户免受金融欺诈的威胁，大数据技术在金融业中发挥了重要作用。通过分析庞大的数据集和实时数据流，金融机构能够更准确地识别和预测潜在的欺诈行为，从而采取相应的措施进行防范。

大数据技术提供了更全面的数据来源，包括金融交易记录、客户信息、社交媒体数据等。通过对这些数据的综合分析，金融机构能够发现不同渠道、不同来源的欺诈行为。例如，通过分析信用卡交易数据和客户行为模式，可以发现异常的交易模式，如大额交易、异地交易等。而通过分析社交媒体数据，可以发现与客户行为不一致的信息，及时预测潜在的欺诈风险。

大数据技术使金融机构能够实时监测交易和行为模式的变化，并及时对异常行为做出反应。通过建立实时的数据分析模型，金融机构可以比以往更快速地发现和识别欺诈行为。一旦发现有可疑的交易模式或行为模式，如频繁转账、多次登录等，系统可以自动发出预警通知，提醒工作人员进行进一步的风险评估和调查。

大数据技术还支持金融机构与其他金融机构、执法机构等进行跨机构数据共享和合作。基于大数据分析平台，金融机构可以共享反欺诈信息、建立欺诈行为数据库，以便更好地识别潜在风险并加大打击力度。这种跨机构的数据合作和共享可以提高整个金融体系的反欺诈能力，有效减少金融欺诈对客户和金融机构造成的损失。

二、大数据技术在医疗健康领域的应用

（一）病症预测与预防

病症预测与预防作为医疗健康领域中大数据技术的重要应用之一，正在为人们的健康提供前所未有的支持。通过对庞大的病例数据进行分析和挖掘，病症预测与预防可以帮助医生和患者更好地掌握疾病的发展趋势，并采取相应的预防措施。

通过对大数据技术的应用，医疗界可以对过去的病例数据进行集中整理和分析。这些数据包括患者的基本信息、病症的发展过程、治疗手段和效果等。在这些庞大的数据背后，隐藏着许多规律和模式。医疗机构可以借助大数据分析工具和技术，对这些数据进行挖掘和分析，以确定疾病的发展趋势和预警指标。

当能够准确地预测疾病的发展趋势时，就可以采取相应的预防措施。例如，对于某些具有遗传倾向的疾病，通过分析大量的相关基因数据，可以预测个体患病的风险。在了解到患病风险较高的人群后，医疗机构可以采取相应的预防措施，包括定期体检、提供相关疾病的防治宣传和指导等。

大数据技术还可以帮助医疗机构进行病症的预测，并提供个性化的预防建议。通过对大量的医学数据进行分析，包括病人的年龄、性别、生活习惯、家族病史等，可以建立预测模型，从而更好地了解患者的病情和病症发展情况。基于这些模型的结果，医生可以向患者提供更加个性化的预防建议，帮助他们更好地保持身体健康。

（二）医疗资源配置

在医疗健康领域中，大数据技术的应用对医疗资源的合理配置起到了重要作用。通过对大量医疗数据的分析和挖掘，医疗机构可以有效地优化医疗资源配置，提高医疗服务的质量和效率。

大数据技术可以帮助医疗机构根据患者的需求和病情，进行科学、合理的资源分配。通过分析大数据，医疗机构可以了解不同地区、不同时间段的就诊需求，从而

合理安排医生和医疗设备的调配。例如,根据患者的疾病类型、病情严重程度和就诊时间,可以更好地安排医生的出诊时间和制订手术室使用计划,实现资源的最大化利用。

大数据技术可以帮助医疗机构智能分配医疗资源。通过建立医疗资源管理系统,结合大数据分析和人工智能算法,医疗机构可以自动化、智能化地调度医生、护士、病床等医疗资源。例如,根据患者的病情和治疗计划,系统可以自动安排手术室的使用、病床的分配,提高医疗资源的利用效率,并为患者提供更好的服务。

大数据技术还可以帮助医疗机构动态调整医疗资源。通过实时监测和分析医疗数据,医疗机构可以发现医疗资源的不均衡现象,如某个科室的就诊量过大或过小,从而及时调整资源分配。例如,根据就诊数据和预测模型,可以预测未来某个时间段的就诊需求,从而提前调整人员和设备配置,避免资源浪费。

(三)病患行为分析

在医疗健康领域,大数据技术的应用不仅可以帮助医务人员更好地了解病患的病情,还可以分析病患的行为模式,从而更好地为其提供个性化的医疗服务。

通过对大数据的分析,可以研究病患的就诊行为。收集和分析患者的就诊时间、地点、科室等信息,可以从中了解患者就诊的规律和倾向。例如,有些患者可能倾向于在特定的时间段就诊,或者更偏好在某个特定的医院就诊。根据这些行为模式,医疗机构可以合理安排资源,减少患者的等待时间,从而为患者提供更好的就诊服务。

大数据技术可以分析病患的用药行为。收集和分析患者用药的记录和数据,可以从中了解患者用药的依从性及效果。例如,通过监测患者用药的时间和剂量,医生可以及时发现用药不当或者用药过量的情况,并及时进行干预和调整,从而使患者避免健康风险。

大数据技术可以帮助医生了解患者的生活习惯和行为方式。通过收集和分析患者的生活行为数据,如饮食习惯、运动情况等,医生可以了解患者的生活方式对患病风险和康复效果的影响。例如,大数据分析可能发现一些食品对某一类疾病的治疗具有特殊的作用,或者某种运动方式对康复更加有效。根据这些分析结果,医生可以给予患者更有针对性的生活建议,以提高治疗和康复效果。

(四)医疗保险风险控制

在医疗保险领域,大数据技术的应用为保险机构提供了全新的风险控制手段。

通过大数据分析，医疗保险公司能够更准确地评估被保险人的风险水平。例如，通过分析被保险人的基本信息、病史记录、家族病史等数据，保险公司能够准确评估被保险人的患病风险和死亡风险，从而制订更为合理的保费方案。

大数据技术在医疗保险风险控制中的应用还表现为预测欺诈行为。通过分析大规模的医疗理赔数据和被保险人的就医记录，保险公司能够识别出虚假理赔和骗保行为。利用大数据技术，保险公司可以快速发现异常数据模式和异常行为，识别潜在的欺诈情况，并及时采取相应的措施，避免不必要的损失。

大数据技术能够为医疗保险公司提供更好的风险管理工具。通过分析庞大的医疗数据，保险公司可以发现与疾病相关的风险因素，进一步了解不同病种的风险特征。利用这些信息，保险公司可以优化保险产品设计，制定更加精确的保险合同条款，从而降低保险风险和理赔风险。

三、大数据技术在电商领域的应用

（一）用户行为分析

在电商领域，大数据技术的应用已经成为提升用户体验和增加销售额的重要手段。其中，用户行为分析是一项基于大数据技术的关键任务。通过对用户在电商平台上的行为进行记录和分析，企业可以深入了解用户的喜好、购买习惯，从而精准地推送个性化内容和商品，提高用户购买转化率和决策的准确性。

通过对用户在电商平台上的点击、浏览、搜索、购买等行为的收集和整理，企业可以建立用户行为模型和用户画像。通过分析用户的行为模式和偏好，企业可以了解用户的购买需求和兴趣点，通过个性化推送的方式提供更加精准的商品推荐和营销活动。例如，用户经常浏览健康保健品页面，企业可以基于这一行为特征，向用户推荐相关的产品和优惠活动，提高用户的购买意愿。

通过分析用户行为，企业可以发现潜在的用户购买意愿和需求。大数据技术可以挖掘出用户之间的关联和相似度，并将其应用于商品推荐系统。例如，一个用户购买了一件衣服，系统可以分析与其行为相似的其他用户购买的商品，并向该用户推荐相关的配件或衣服。这种针对用户个性化需求的推荐可以提高用户的购买满意度和忠诚度。

（二）商品推荐系统

商品推荐系统是大数据技术在电商领域的核心应用之一。通过分析用户的购买行为、个人喜好以及历史数据，推荐系统能够准确地预测用户可能感兴趣的商品，并将其推荐给用户。这种个性化推荐能够提升用户的购物体验，增加用户购买的可能性，从而促进电商平台的销售和利润增长。

在商品推荐系统中，大数据技术扮演了关键的角色。首先，大数据技术能够实时采集和存储海量的用户数据和商品信息。通过对这些数据的整合和分析，推荐系统能够建立准确的用户画像，了解用户的购买偏好和行为习惯。其次，大数据技术能够快速地处理和计算这些庞大的数据，通过复杂的算法和模型，挖掘隐藏在数据中的规律和趋势。

为了提高推荐的准确性和个性化程度，商品推荐系统采用了多种算法和方法。基于协同过滤算法的推荐系统通过比较用户之间的相似度，向用户推荐和他们相似的用户喜欢的商品。基于内容的推荐系统则通过分析商品的特征和属性，向用户推荐与他们过去购买行为相似的商品。混合推荐算法的推荐系统结合了多种算法的优点，能够更加精准地预测用户的购买意向。

除了能够分析用户行为和商品信息，商品推荐系统还考虑到其他一些因素。例如，时间因素在推荐系统中也起到了重要作用。根据用户在不同时间段的购买行为，推荐系统可以针对用户的需求进行时段化推荐。地理位置也是推荐系统考虑的因素之一。根据用户的地理位置、附近的商家等信息，推荐系统可以将符合用户需求的商品推荐给用户。

商品推荐系统不仅可以应用在电商行业中，也可以在其他领域中发挥作用。例如，在网络视频平台中，推荐系统能够根据用户的观看历史和兴趣爱好，推荐给用户适合他们口味的影视作品；在新闻媒体领域，推荐系统能够根据用户的浏览历史和关注的话题，为用户推荐其感兴趣的新闻报道。

（三）价格优化

在电商领域中，价格优化是一个重要且复杂的议题。借助大数据技术，电商平台能够对大量的数据进行收集、存储和分析，从而更加精确地进行价格策略的制定和优化，以达成提升销售额和利润的目标。

大数据技术能够帮助电商平台深入分析消费者的购买行为。通过分析消费者的历史购买记录、浏览行为、评论和评分等信息，电商平台可以了解到不同消费者的偏好和购买习惯。根据这些数据，电商平台能够进行精确的个性化定价，将不同的商品定价提供给不同的消费者，以最大限度地满足他们的需求并提高购买转化率。

大数据技术能够帮助电商平台实现实时的竞争定价。通过监测竞争对手的价格和促销策略,电商平台能够及时做出反应,调整自己的价格以保持竞争优势。电商平台还可以利用大数据分析预测市场走势和需求,以便在市场需求发生变化的情况下灵活调整价格,降低风险并提高盈利能力。

大数据技术可以帮助电商平台优化促销策略和定价策略。通过对大量历史促销活动数据的分析,电商平台可以发现更有效的促销策略和价格策略,从而更好地制订推广和定价计划。借助大数据技术,电商平台能够实时监测和评估各种促销活动的效果,并及时调整策略,以提高销售额和盈利能力。

大数据技术还能够帮助电商平台优化供应链管理。通过分析大量的供应链数据,电商平台能够确定最佳的采购策略和库存规模,避免出现库存积压和断货的情况。此外,大数据技术能够通过预测需求来优化物流配送过程,提高物流效率和准确性,降低成本并提高客户满意度。

(四)供应链管理

在电商领域中,供应链管理是一项至关重要的任务。通过对大数据技术的应用,电商平台能够更好地管理整个供应链,从而提高供应链的效率和准确性。

大数据技术可以通过收集和分析销售数据、仓储数据、运输数据等信息,实现供应链的实时可视化。通过实时监控和分析数据,电商平台可以快速了解商品的库存状况、销售情况和运输状态等关键信息。这不仅有助于预测和满足用户需求,还能够帮助电商平台制订更加精准的补货计划和库存管理策略,从而提升供应链的响应速度和灵活性。

大数据技术可以通过挖掘海量的供应链数据,进行供应链预测和优化。通过对历史交易数据和供应链数据的深入分析,电商平台可以识别供应链中的"瓶颈"和风险点,并做出相应的优化调整。例如,可以通过预测商品需求、优化仓储布局和运输路线,来降低供应链的成本和运营风险。

大数据技术可以通过建立供应链协同系统,实现各个环节之间的信息共享和协同推进。通过实时共享关键数据,供应商、仓储商、物流公司等各方可以更好地协同工作,优化供应链中的各个环节。例如,供应商可以根据实时销售数据及时补货,仓储商可以根据销售预测数据优化仓储布局,物流公司可以根据订单数据优化运输路线。通过供应链协同,电商平台可以更好地满足用户的需求,提高供应链的整体效益。

四、大数据技术在智慧城市领域的应用

(一)交通管理

在智慧城市领域,大数据技术的应用对于交通管理起到了重要作用。通过收集和分析大量的交通数据,城市管理者可以更加准确地了解交通状况,有效地进行交通规划和管理。

大数据技术可以用于交通实时监测和预测。在城市各个重要路段、交叉路口以及公共交通系统安装传感器和监控设备,可以实时收集交通数据,包括交通流量、交通速度、道路拥堵情况等。这些数据可以通过大数据分析算法进行处理和分析,从而预测可能发生交通拥堵的地点和时间。及时采取调整交通信号灯、增加交通警力以及改变路线规划等措施,可以有效地缓解交通堵塞,提高道路利用效率。

大数据技术可以帮助城市管理者进行交通规划和优化。通过分析历史交通数据和城市发展规划,城市管理者可以发现交通网络的"瓶颈"和潜在问题,并提出相应的解决方案。例如,在交通拥堵较为严重的路段增加车道、建设高架桥或者优化公共交通站点的位置等,都可以通过大数据分析得出结论,并为城市管理者提供决策参考依据。

大数据技术可以用于交通安全管理。通过收集和分析交通事故数据,城市管理者可以发现事故的高发地点和原因,从而采取相应的交通安全措施。例如,可以采取在事故高发路段增加监控摄像头、加强执法力度以及增强驾驶员的安全意识等相应的措施进行改善。

大数据技术也可以促进交通信息的共享和普及。通过建立统一的交通信息平台,将来自不同部门和机构的交通数据集中管理和共享,可以更加便捷地获取和利用交通信息。城市居民可以通过 App 或者公共显示屏幕等渠道获得实时交通信息,以便更好地选择和规划自己的出行路线。

(二)城市规划

大数据技术在城市规划领域的应用,有助于提升城市的可持续发展能力和生活质量。

大数据技术可以通过收集和分析各种数据,为城市规划者提供全面的信息基

础。例如，收集人口普查数据、土地利用数据、交通流量数据和气候数据等，可以了解城市的实际情况和潜在需求，从而制订更科学和精确的城市规划方案。

大数据技术能够为城市规划提供预测和模拟分析的工具。建立城市建筑、交通、环境等多个方面的模型，结合大数据的分析和算法，可以模拟和预测城市未来的发展趋势和影响。这有助于规划者制定长期而具体的城市发展目标，并对城市建设进行科学的设计。

大数据技术能够提供全面的城市评估和决策支持。通过大数据分析，城市规划者可以对城市的各项指标进行定量评估和比较。例如，评估不同城市区域的人口密度、交通拥堵情况、环境质量等，为规划者提供数据支持，使其能够更好地制定城市发展政策和决策。同时，大数据技术还能够对规划方案进行实时监测和反馈，及时发现问题并进行调整和优化。

大数据技术的应用还能够促进城市规划与其他领域的融合与创新。例如，结合人工智能技术，可以进行智能化的城市规划设计和决策支持；与传统的地理信息系统相结合，可以实现城市规划的空间分析和可视化展示；与云计算和物联网技术相结合，可以实现城市规划数据的快速获取和共享。

（三）公共设施管理

在智慧城市领域，大数据技术的应用不只限于交通管理和城市规划，也在公共设施管理方面发挥着重要作用。公共设施管理是指对城市内各类公共设施的规划、建设、运营和维护进行有效管理，以提高城市居民的生活质量和促进国民经济的发展。

大数据技术能够收集和分析大量的数据，从而帮助城市管理者更好地了解城市居民的需求和公共设施的使用情况。通过采集各类设施的使用数据，如公园、体育馆、图书馆等，城市管理者可以了解城市居民对这些设施的需求程度，从而有针对性地进行规划和建设。

大数据技术可以辅助管理者对公共设施的维护和修缮进行有效预测和调整。通过对设施的使用数据进行分析，城市管理者可以发现设施的现状、使用频率以及可能存在的问题，从而及时调度相关资源进行维修。比如，通过大数据分析可以了解公共设施的使用频率，增加或减少资源投入，调整设施布局，以更好地满足城市居民的需求。

大数据技术还可以在公共设施管理方面实现智能化和个性化服务。结合物联网技术，如通过传感器采集的数据，可以实现对公共设施的实时监控和运行状态的远程管理。同时,可以根据城市居民的个性化需求进行定制化服务,如根据城市居民的位置信息和喜好推荐最近的公园、体育场馆等设施,让城市居民更加便捷地享受城市提供的公共设施。

(四)环境监测

随着城市化进程的加速和人口的快速增长,城市环境质量成为人们关注的焦点。大数据技术为环境监测提供了新的手段和解决方案。

1.实现对城市环境各项指标的实时监测和分析

可以将传感器和监测设备部署在城市的各个角落,收集环境数据,如空气质量、噪声水平和水源污染等。这些数据可以通过物联网技术传输到大数据平台进行集中处理和分析。通过分析大量的环境数据,城市管理者可以获取全面的城市环境状况信息,并及时采取相应的措施来改善环境质量。

2.实现对环境监测数据的智能化处理

应用人工智能和机器学习算法,可以对环境监测数据进行自动化分析和预测。基于历史数据和相关知识,算法可以识别出环境中的潜在风险,并提供相应的预警和应对措施。这将有助于城市管理者更加高效地进行环境保护和治理工作。

3.促进环境监测数据的共享和利用

通过建立开放式的数据平台和接口,不同的组织和机构可以共享和交换环境监测数据。这样一来,不仅可以提高数据利用率,还可以促进环境治理工作的合作和协调。同时,通过将环境监测数据与城市其他数据进行关联分析,城市管理者能够更好地理解环境与城市其他方面的关系,为城市规划和发展提供科学依据。

第二章 电子商务供应链与其管理

第一节 电子商务供应链概述

一、电子商务供应链的构成

(一)电子商务供应链的主体

电子商务供应链的主体指的是在电子商务活动中扮演重要角色的各个组织或个体。这些主体通过相互协作,共同构建起一个完整的供应链网络,实现产品或服务的生产、流通和交付。包括供应商、制造商或生产商、物流服务提供商、电子商务企业。

1.供应商

供应商是指向电子商务企业提供原材料、零部件或商品的组织或个体。他们是供应链的起点,通过与企业建立长期的合作关系,供应商能够提供稳定的物资支持,保障电子商务企业的生产运营。

2.制造商或生产商

制造商或生产商负责将原材料转化为成品,并为电子商务企业提供产品。制造商或生产商通过实施有效的生产管理、优化生产流程和提高生产效率,可以满足消费者的需求,并支持企业实现持续的增长。

3.物流服务提供商

物流服务提供商承担着货物的运输、仓储和配送等环节。通过建立高效的物流网络和运输系统,物流服务提供商确保能够准时、安全地将产品送到消费者手中。物流服务提供商的运营质量对于电子商务企业的客户满意度和市场竞争力有着重要影响。

4.电子商务企业

电子商务企业是整个供应链的核心，他们通过电子商务平台建立起与供应商、制造商和物流服务提供商之间的联系，并协调各方资源，在电子商务市场实现商品的供应与销售。电子商务企业通过创新的商业模式、优质的产品和服务以及精准的市场定位，赢得消费者的信任和支持。

在电子商务供应链的主体中，各方的协作和合作至关重要。只有互相配合、共同努力，才能够建立起高效、稳定的供应链网络，提升企业的竞争力和市场地位。因此，电子商务企业应该与各个主体保持密切的合作关系，共同推动供应链的发展和升级。

(二)电子商务供应链的流程

电子商务供应链的流程是指在电子商务环境下，商品从供应商手中最终到消费者手中的整个过程。它涉及多个环节和参与方，包括采购、生产、仓储、物流和销售等。在电子商务供应链的流程中，有以下四个关键步骤。

1.采购环节

采购环节主要涉及与供应商的沟通和交流，确定所需商品的类型、数量和价格，并签订采购合同。在传统商业模式中，采购环节通常是通过传真或电话来完成的。而在电子商务中，可以通过在线采购平台进行采购，实现了采购自动化和信息实时共享。

2.生产环节

生产环节主要包括订单处理、生产计划和生产过程的监控和管理。在传统商业模式中，生产环节通常是根据市场需求的预测进行的，存在较大的风险和浪费。而在电子商务中，生产环节可以通过与供应链的紧密协作来实现订单的定制化生产，减少库存和资源浪费，提高生产效率和质量。

3.仓储环节

仓储环节主要包括货物的入库、存储、管理和出库等工作。在传统商业模式中，仓储环节通常涉及物流仓库，需要大量的人力和空间成本。而在电子商务中，仓储环节可以通过共享仓储和物流资源，实现仓储的智能化和自动化。

4. 物流环节

物流环节主要包括货物的运输、配送和交付等过程。在传统商业模式中，物流环节通常需要较长的运输时间和高昂的运输成本。而在电子商务中，物流环节可以通过信息技术的应用和物流网络的优化来实现快速配送，在降低运输成本的同时，提高物流效率和客户满意度。

（三）电子商务供应链的平台

电子商务供应链的平台是指支撑和促进电子商务供应链运作的技术和网络基础设施。在数字化时代，电子商务供应链的平台起着至关重要的作用，它们不仅为企业提供了高效的信息交流渠道和便捷的物流配送渠道，还为企业间的合作提供了新的机遇。具体有三个方面的作用。

1. 高效的信息交流渠道

传统的供应链往往需要人工传递和处理各种纸质文档，效率低下且容易出现错误。而借助电子商务供应链平台，企业可以通过电子数据交换和信息共享，实现信息实时传递和共享，减少了人工处理的环节，提高了信息交流的效率。另外，电子商务供应链平台还可以通过数据分析和预测算法，为企业提供准确的市场发展趋势和消费者需求预测，帮助企业做出更明智的决策。

2. 便捷的物流配送渠道

通过电子商务供应链平台，企业可以与物流服务提供商实现无缝对接，实现订单实时追踪和物流信息共享。这样，企业可以更加准确地掌握物流状态，提高物流配送的效率，并提供更加快速、可靠的物流服务。此外，电子商务供应链平台还可以提供智能仓储管理系统，通过物联网技术和自动化设备，实现仓储操作的自动化和智能化，进一步提高物流的效率和准确性。

3. 新的机遇

通过电子商务供应链平台，企业可以轻松地与供应商、分销商、合作伙伴等进行合作和沟通。平台提供了各种合作协议和合同的在线签订，简化了合作流程，提高了合作效率。另外，平台还允许企业与消费者直接互动，有助于企业更全面地了解消费者的需求和反馈。这样，企业可以根据市场需求做出相应的调整和创新，提升产品和服务的质量，增强市场竞争力。

（四）电子商务供应链的环境

电子商务供应链的环境是指电子商务活动所处的外部环境和内部环境。外部环境包括宏观环境和行业环境，而内部环境则涵盖了企业自身的资源、能力和组织结构等因素。了解和适应电子商务供应链的环境对于企业的发展和竞争力具有重要意义。

宏观环境是电子商务供应链发展的重要背景。随着全球化进程的加快和互联网技术的快速发展，电子商务供应链在全球范围内得以迅速发展。政策环境的变化、经济形势的波动以及消费者需求的变化等因素都给电子商务供应链带来影响。企业需要密切关注宏观环境的变化，及时调整供应链的策略和运作模式，以适应市场变化。

行业环境也是电子商务供应链发展的重要因素之一。不同行业的特点和竞争格局会对电子商务供应链的组织和运作产生影响。例如，快消品行业的特点是产品更新换代速度快，消费者需求变化大；电子产品行业的特点是技术更新迅速。企业需要根据行业的特点，进行供应链定位和组织架构搭建，以提升自身在行业中的竞争力。

企业自身的资源、能力和组织结构共同构成了电子商务供应链的内部环境。企业的资源包括资金、人力、技术等方面的资源，而能力则包括生产能力、技术能力、管理能力等。企业的组织结构应当适应电子商务供应链的发展需求，实现信息高效传递、决策快速实施以及资源灵活配置。企业需要不断提升自身的资源和能力，并优化组织结构，以满足电子商务供应链的要求。

二、电子商务供应链的特征

（一）高度的信息化

随着信息技术的迅猛发展，企业在供应链中的信息流成为至关重要的一环。高度的信息化使企业能够快速而准确地获取、处理和传递各种信息，从而实现信息及时共享和协同工作。

高度的信息化使企业能够实现供应链的可见性。通过使用先进的信息技术，企业可以实时监测和追踪供应链中的各个环节，包括原材料采购、生产流程、物流配送等。这使企业能够更好地把握整个供应链的运行情况,及时发现和解决潜在问题,提高供应链的效率和灵活性。

高度的信息化使供应链中的各个参与方实现高效的信息交流和协同工作。通过共享信息平台和电子数据交换系统,企业与供应链中的供应商、制造商、销售渠道等能够实时进行信息传递和共享。这有效地减少了信息传递的时间和成本,提高了工作效率,同时也降低了信息传递过程中可能出现的误差和延误。

高度的信息化使供应链中的各个环节能够实现自动化和智能化操作。通过引入先进的信息技术和自动化设备,企业能够实现业务流程的电子化,从而提高流程的自动化程度和效率。例如,通过自动化的仓储系统和物流系统,企业能够实现快速、准确的货物管理和配送,大大缩短了货物的流转时间,降低了成本。

(二)业务流程的电子化

随着信息技术的快速发展,传统的手工操作和纸质文档逐渐被自动化和电子化所取代。通过电子化的业务流程,企业能够更加高效地处理订单、管理库存、进行支付等操作,从而提高供应链的效率。

电子化的业务流程使企业实现订单的快速处理。传统情况下,企业接收订单后需要人工录入系统,然后进行发货和跟踪货物。而在电子商务供应链中,客户可以直接在电子平台上下订单,这些订单信息会自动传输到企业的后台系统中进行处理。企业可以通过电子化的业务流程实现订单的自动分配和优先级设定,确保订单能够被快速、准确地处理。

电子化的业务流程使企业库存管理更加精确和及时。传统情况下,库存管理需要通过人工盘点和手动更新记录进行,存在人为疏漏和信息延迟的问题。而在电子商务供应链中,库存信息会实时地被系统记录和更新,企业可以通过电子平台实时了解商品的库存情况,从而及时调整采购和生产计划,避免因库存不足或过量而引起的供应链问题。

电子化的业务流程促进了企业与供应链中其他成员的协同合作。通过电子商务平台,企业可以和供应商、物流公司、零售商等各方进行快速、有效的沟通和协调。订单、发货、付款等信息可以实时传输,各个环节之间的工作流程得到了明确和精细的安排,从而避免了人为错误和沟通不畅所带来的问题。

电子化的业务流程为企业提供了大量数据和信息,从而支持了决策的科学化。通过电子平台,企业可以获得订单数量、库存状况、交易金额等各种信息,可以通过数据分析和挖掘来了解市场需求、优化供应链等。这些数据和信息的使用能够帮助企业及时做出更加准确的决策，从而提高供应链的运营效率和竞争力。

（三）关系的虚拟化

关系的虚拟化是电子商务供应链的一个重要特征。在传统的供应链管理中，企业与供应商和客户之间的关系通常是实体化和面对面的，需要大量的时间和资源进行沟通和交流。而在电子商务环境下，这种关系具有了虚拟化的优势，使供应链管理更加高效和灵活。

关系的虚拟化使企业能够与全球范围内的供应商和客户实时进行交流和合作。通过互联网和电子邮件等工具，企业能够迅速地与供应商和客户建立起联系，传递订单、产品信息和市场数据等重要信息。这种虚拟化的关系可以让企业在全球范围内寻找最优的供应商和开拓新的市场，为企业创造更大的商机和竞争优势。

关系的虚拟化改变了供应链管理的合作模式。传统的合作模式通常基于长期的合同和固定的供应链伙伴关系，而在电子商务供应链中，合作模式更具灵活性和变化性。企业可以根据市场需求和供应链的变化，选择不同的供应商进行合作，即时建立或解除合作关系。这种灵活的合作模式使企业能够更好地应对市场变化。关系的虚拟化让供应链管理变得更加透明和可追溯。通过电子商务平台和物联网技术，企业可以实时地追踪和监控供应链中的物流流程和产品信息。这种透明度使企业能够更好地管理供应链的风险和质量，并及时解决潜在的问题。同时，供应链中的各方也能够共享信息和数据，增强合作和信任，实现更好的协同和协调。

关系的虚拟化也带来了风险管理和安全性的挑战。在虚拟化的关系中，信息保密和网络安全成为供应链管理中不容忽视的问题。企业需要加强信息安全和风险管理能力，确保供应链中的敏感信息不被泄露和滥用。同时，企业还需要建立信任机制和合规标准，确保供应链伙伴的合法性和可信度。

（四）效率的优化

在电子商务供应链中，通过利用先进的信息技术和电子商务平台，企业能够实现供应链各个环节的高效运作，从而提升整个供应链的效率。

电子商务供应链的效率优化体现在物流环节。在传统的供应链中，物流过程常常需要大量的人工干预和协调，容易出现信息不畅、物流周期长等问题。而在电子商务供应链中，通过使用电子标签、智能化仓储设备等技术手段，企业可以实现对物流信息的实时跟踪和管理，从而减少物流环节的人为干预，提高物流效率。

电子商务供应链的效率优化体现在生产环节。在传统的供应链中，企业与供应商之间的沟通和协调常常需要耗费大量的时间和资源，容易出现信息不对称、生产周期长等问题。而在电子商务供应链中，通过采用电子商务平台和在线协作工具，企业可以与供应商实时共享信息，实现生产计划的快速调整和协同生产，提高生产效率。

电子商务供应链的效率优化还体现在销售环节。在传统的供应链中，企业与销售渠道之间的协调和沟通常常需要大量的时间和资源，容易出现库存积压、销售周期长等问题。而在电子商务供应链中，通过利用电子商务平台和在线销售工具，企业可以实时了解市场需求和销售情况，从而实现对库存的精确控制和销售计划的优化，提高销售效率。

三、电子商务供应链的类型

（一）垂直型电子商务供应链

垂直型电子商务供应链是电子商务领域中一种常见的供应链类型，它是通过垂直整合的方式构建起来的，具有明确的层级结构和专业分工。

垂直型电子商务供应链的构成包括生产商、供应商、零售商和终端消费者。生产商负责产品的制造和性能优化，供应商负责原材料和零部件的采购，零售商负责产品销售和售后服务，终端消费者则是电子商务供应链的最终用户。通过这种层级结构，每个参与者都扮演着特定的角色，共同推动供应链的正常运作。

垂直型电子商务供应链的特征之一是专业分工。在供应链的每个环节，都有专业的团队负责相应的任务。例如，生产商团队负责研发和生产，供应商团队负责采购和物流，零售商团队负责销售和售后服务。这种专业分工能够提高各个环节的效率和质量，从而实现供应链的优化和协同。

垂直型电子商务供应链不仅是线性的企业间的关系，还包括信息和资金的流动。通过信息技术的支持，供应链中的各个参与者都能够实现实时的信息共享和沟通，从而提高反应速度和决策能力。同时，资金流动也是供应链的关键环节之一，垂直型电子商务供应链中的各个参与者通过金融机构和电子支付系统进行资金流转和结算，确保供应链的资金链畅通无阻。

垂直型电子商务供应链还具有灵活性和适应性的特征。随着市场需求和技术的不断变化，供应链需要及时调整和优化，以满足市场需求。垂直型电子商务供应链通过专业团队和信息技术的支持，能够更加灵活地适应市场变化，快速调整和优化供应链的各个环节。

（二）水平型电子商务供应链

水平型电子商务供应链是一种相对较为平衡和协调的供应链类型。在水平型电子商务供应链中，各个参与方之间处于相对平等的关系，彼此之间具有较高程度的合作和协调。这种供应链模式主要通过信息和资源的共享来实现供应链的高效运作。其有如下三个特征。

1.注重合作与共享

在水平型电子商务供应链模式中，各个环节间相互协同，信息共享和资源共享是非常重要的。通过建立信息平台和共享系统，各个环节能够实时获取供应链上的信息，及时做出决策，减少信息不对称和沟通成本。而资源共享则可以有效提高资源利用效率，降低成本，提升整体供应链的竞争力。

2.注重灵活性和响应能力

由于各个环节之间的合作和协调比较紧密，水平型电子商务供应链具有更强的灵活性和响应能力。它可以根据市场需求的变化，快速调整供应链的结构和流程，及时满足客户需求。比如，在水平型电子商务供应链上，订单处理和库存管理可以更加灵活和高效，更好地适应市场变化。

3.注重价值链整合和优化

在这种供应链模式下，不同环节的参与方要更加密切配合，共同为最终产品或服务的交付提供最佳的解决方案。通过整合和优化价值链上的工作流程和资源配置，水平型电子商务供应链可以降低供应链的运营成本，提高供应链的效率和竞争力。

（三）混合型电子商务供应链

混合型电子商务供应链是结合了垂直型电子商务供应链特征和水平型电子

商务供应链特征的一种供应链模式。在混合型电子商务供应链中，企业不仅与上下游企业密切合作，也与同行业的其他企业甚至竞争对手合作，以实现资源共享、风险分担和合作创新的目标。

混合型电子商务供应链通过与上下游企业的合作，实现资源共享。在垂直型电子商务供应链中，企业主要与自己业务上下游的企业进行合作，以满足产品或服务需求。而在混合型电子商务供应链中，企业不仅与上下游企业合作，还与同行业的其他企业合作。这样一来，企业可以通过合作伙伴的资源来实现生产、物流和销售的优化，提高效率和降低成本。

混合型电子商务供应链通过与竞争对手的合作，实现风险分担。在传统的竞争环境下，企业与同行业的其他企业通常会保持竞争关系，争夺市场份额和利润。在混合型电子商务供应链中，企业可以选择与竞争对手合作，共同应对市场风险和挑战。通过共享信息、技术和资源，企业可以减少竞争带来的不确定性，提高业务的稳定性和可持续发展能力。

混合型电子商务供应链通过合作创新，提高企业的竞争力和市场地位。在传统的垂直型电子商务供应链中，企业主要依赖于自身的创新能力和资源优势来开发产品。而在混合型电子商务供应链中，企业可以通过与合作伙伴的联合创新，实现新产品的开发和拓展。通过集合多方的专业知识和经验，企业可以更加有效地应对市场变化和消费者的需求，提供更具竞争力的产品和服务。

（四）分散型电子商务供应链

分散型电子商务供应链是一种相对于其他类型更为灵活和多样化的供应链形式。它通过分散的网络结构，将供应商、制造商、分销商和零售商等参与者紧密连接起来，实现产品和服务的传递和销售。与传统的集中式供应链不同，分散型电子商务供应链更注重各环节之间的合作和协同。

在分散型电子商务供应链中，供应商扮演着关键的角色。供应商根据需求预测和市场情况，生产和提供各类产品和服务。通过供应商与制造商、分销商和零售商的紧密合作，供应链的各个环节能够及时获得所需资源，从而更好地满足市场需求。

与其他类型的电子商务供应链相比，分散型供应链的特点之一是较为灵活和可定制。供应链的每个环节都可以根据自身的特点和需求进行优化和调整，以提高整个供应链的效率和灵活性。例如，供应链中的制造商可以根据不同的市场需求，选择不同的生产工艺和组织方式，以快速适应市场变化；零售商则可以通过多样的销售渠道和个性化服务，更好地满足消费者的需求。

分散型电子商务供应链的另一个特点是网络化和数字化。随着信息技术的不断发展和普及，供应链各环节之间的沟通和信息交流变得更加便捷和高效。通过互联网和相关的电子商务平台，供应链参与者之间可以实时共享信息，快速响应市场变化，并进行分析和决策。这种网络化和数字化的特点使分散型电子商务供应链更加适应现代商业环境的需求。

在如今竞争激烈的电子商务市场中，分散型电子商务供应链的重要性不容忽视。它不仅能够提高供应链的效率和灵活性，还能够提升产品和服务的质量和多样性。通过更好地与供应链参与者进行合作和协调，企业可以更好地把握市场机遇，快速响应消费者需求，提高自身的竞争力和盈利能力。

四、电子商务供应链的目标

（一）提高效率

在电子商务供应链中，提高效率是一个至关重要的目标。通过运用信息技术和先进的管理方法，企业可以大幅度提高供应链的运作效率，从而实现更高水平的生产效率和资源利用效率。

电子商务供应链的信息化和数字化特点使企业能够实时获取各种数据和信息。通过电子数据交换和物流管理系统，企业可以迅速掌握订单、库存、物流等关键信息。这种实时对数据的有效管理和利用，有助于企业完成生产计划的精确安排，避免因信息延迟而导致的生产链断裂和资源浪费等情况的发生。

电子商务供应链的创新运作模式为提高效率提供了机遇。例如，采用直接配送模式和跨境电商模式，可以减少传统供应链中的中间环节，缩短物流时间，降低库存占用。供应链的网络化和虚拟化也使企业能够更快、更准确地与供应商、分销商等合作伙伴进行沟通和协作，提高协同效率，减少信息损失和不确定性。

电子商务供应链的自动化和智能化为提高效率带来了新的机遇。通过自动化的仓储、装卸和包装，可以提高仓储和物流操作的效率和准确性。而通过物联网、大数据和人工智能等技术，企业能够更好地进行需求预测、库存管理和运输调度，减少信息不对称和不确定带来的效率损失。

（二）降低成本

降低成本是电子商务供应链的重要目标之一。通过电子商务供应链的运作，企业可以实现对成本的有效控制。具体而言，降低成本主要体现在以下几个方面。

电子商务供应链通过优化物流和仓储管理，实现物流成本的降低。传统的供应链往往存在信息不对称和流程不畅的问题，导致物流环节效率低下和资源浪费。而电子商务供应链通过信息技术的支持，实现了物流信息的实时共享和监控，使仓储和运输环节更加精准和高效。通过优化物流路径和运输模式，企业可以节约物流成本，提高物流效率。

电子商务供应链通过精细化的库存管理，可以降低库存成本。在传统的供应链中，信息流通不畅，企业无法准确把握市场需求和库存水平，导致库存过多或者过少，这些都会带来额外的成本。而电子商务供应链通过实时的销售数据分析和预测，能够更加准确地评估市场需求，从而合理规划库存，使供应链中的库存保持在合理水平。这样一来，企业可以避免库存积压或库存缺货，从而降低库存成本。

电子商务供应链通过优化供应商管理和采购流程，可以降低采购成本。在传统的供应链中，由于供应商的选择和采购工作的烦琐，采购成本较高。而电子商务供应链通过建立统一的供应商管理平台和在线采购系统，可以实现供应商集中管理和采购工作的标准化。这不仅能够节约采购人员的时间和精力，降低采购成本，还能够便利企业与供应商之间的沟通和合作，提高采购效率。

（三）提升服务水平

在当今竞争激烈的电子商务市场中，提升服务水平已经成为企业获取竞争优势的关键因素之一。电子商务供应链能够为企业提供更高效、更快速、更便捷的服务体验，从而吸引和留住客户。

电子商务供应链通过信息技术，实现了信息的快速传递和实时监控。客户可以随时了解产品的库存情况、物流运输进度以及订单的处理状态。这种及时的信息沟通有助于企业提高服务水平，及时解决客户的问题和需求，增强客户满意度。

电子商务供应链通过优化物流配送系统，提升了产品的交付速度和准确性。借助物流管理系统和智能化的仓储设备，企业能够更好地处理订单、分拣商品并及时发货，大大缩短了配送时间。快速、准确的配送不仅能够满足客户的迫切需求，还能提高客户对企业的信任度和忠诚度。

电子商务供应链的数字化特点为企业的售后服务提供了更多的可能性。通过在线客服系统、社交媒体和电子邮件等渠道，企业可以与客户进行及时、个性化的沟通，解答客户的疑问和问题，并快速处理售后服务请求。这种主动、个性化的服务方式大幅提升了客户满意度，并且有助于企业树立良好的口碑。

(四)增强企业竞争力

通过建立和优化电子商务供应链,企业能够在市场竞争中获得更大的优势,增强自身的竞争力。

在电子商务供应链的构成中,合理安排和优化各个环节,能够提高企业的运作效率。比如,通过采用先进的物流管理和信息技术系统,企业能够实现供应链物流信息的实时追踪和共享,从而加速货物的流转和处理速度。这不仅提高了企业的整体供应链效率,还能迅速响应市场需求变化,提供更快速、更准确的交付服务,从而增强企业的竞争力。

在电子商务供应链的构成中,降低成本也是增强企业竞争力的重要因素。在电子商务供应链中,企业通过与供应商、合作伙伴的紧密合作和协调,共同优化各个环节的资源配置,实现资源共享和优势互补。例如,通过与供应商建立长期合作关系,企业能够获得更好的采购价格、更稳定的供应周期,降低采购成本;通过与物流企业合作,实现物流的一体化管理和集中化配送,企业可以减少物流成本。这些举措的实施,不仅能够提高企业的利润率,还能够在价格竞争激烈的市场中形成差异化竞争,增强企业的市场竞争力。

提升服务水平也是电子商务供应链增强企业竞争力的重要方面。在现代市场中,消费者对产品质量和服务的要求越来越高。通过建立完善的电子商务供应链,企业能够更好地满足消费者的需求,提供更优质的产品和服务。比如,在供应链的生产环节,通过优化生产工艺和质量控制手段,确保产品的品质达到消费者的期望;在供应链的销售和售后环节,建立完善的售后服务体系,及时解决消费者的问题和投诉,提高消费者的满意度。这些措施的实施,不仅能够提升企业的品牌形象和声誉,还能够吸引更多的消费者选择企业的产品和服务,从而增加市场份额,增强企业的竞争力。

第二节　电子商务供应链管理的基本概念

一、电子商务供应链管理的目标

(一)减少库存成本

减少库存成本是电子商务供应链管理的一个重要目标。电子商务的特点决定了供应链管理需要更加灵活和高效,以应对市场需求的快速变化。在传统的供应链管理中,备货量较大,往往需要大量的库存来支持销售和交货。而在电子商务供应链中,因为产品的生命周期较短,市场需求的可变性较高,库存管理需要更加精细。

为了减少库存成本,供应链管理可以采取一系列的措施。首先,通过数据分析和市场预测,可以准确地把握产品的需求量和销售趋势,避免库存过多或不足。其次,与供应商紧密合作可以实现快速供应和准时交货,降低库存积压风险。最后,采用先进的物流技术和优化的仓储管理系统,可以加快出货速度,降低库存占用成本。

实施库存管理策略的效果是明显的。首先,降低库存成本可以释放资金,增加企业的流动资金和盈利能力。其次,精细的库存管理可以降低库存积压风险,减少过期或陈旧商品造成的损失。最后,高效的库存管理可以提高企业的响应速度,及时满足客户的需求,提升客户满意度和忠诚度。

(二)提高交货准确性

为了提高交货准确性,电子商务供应链管理必须采取一系列的措施和策略。具体有以下四个方面。

1.建立高效的库存管理系统

通过精确地了解物料需求和库存状况,企业可以减少库存过剩或短缺,从而保证及时、准确地交付产品。这可以采用先进的供应链管理软件来实现,该软件可以自动化实时监控和更新库存数据,以确保物料供应和配送的准确性。此外,供应商和合作伙伴之间的信息共享,如利用电子数据交换(EDI)等技术手段,也是提高交货准确性的关键因素之一。

2.实现有效的物流管理

物流管理包括货物运输、仓储、订单处理等环节。在货物运输方面,选择合适的运输方式和合作伙伴非常重要。在某些情况下,采用快递服务更能够提高交货准确性,因为它通常拥有更快的运输速度和更准确的跟踪系统。在仓储管理方面,需要建立良好的仓储设施,并采用合理的货物摆放和管理方法,以确保库存物料能够快速、准确地被找到和提取。在订单处理方面,精确处理订单信息,确保订单的准确性和及时性也至关重要。为了实现这一点,可以引入自动订单处理系统和条码技术，以提高订单处理的效率和准确性。

3.关注供应链的协同作业

供应链的各参与方，包括供应商、制造商、物流服务商和零售商等，需要通过信息共享和协同工作来实现交货准确性的提升。共享信息包括产品需求预测、库存状况、交货时间等。通过实时的信息共享和协同工作，各个环节能够更好地协调和调整运营，以确保准确、及时地满足客户需求。此外，企业还可以与供应链合作伙伴建立紧密的关系，共同制定共享目标和评估绩效机制，以促进供应链的紧密合作和交货准确性的提升。

4.引入质量管理体系和持续改进机制

质量管理体系可以确保产品和服务的质量符合标准，并通过审查、监督和改进来持续提高质量水平。持续改进机制可以帮助企业不断优化供应链的各个环节，从而提高交货的准确性和可靠性。

(三)提升客户满意度

随着电子商务的不断发展，消费者的需求越来越多样化，他们对产品质量、交货时间、服务质量等方面的要求也越来越高。因此，供应链管理的目标之一就是要不断优化和改进供应链的各个环节，以满足客户的需求，提高客户满意度。

提升客户满意度需要从产品质量把控入手。在电子商务供应链管理中，产品质量是一个基本的前提条件。为了提高客户满意度，供应链管理者应该与供应商密切合作，确保从原材料采购到产品制造的每个环节都符合质量标准。只有保证产品质量，才能获得客户的信任和满意，从而提升客户忠诚度。

提升客户满意度需要关注交货准确性。在电子商务供应链中，及时交付产品对于客户非常重要。供应链管理者应该通过优化物流配送、加强与物流公司的合作等方式，确保产品能够按时、准确地被送达客户手中。同时，还应该建立完善的售后服务体系，及时解决客户遇到的问题，提高客户满意度。

客户满意度还与产品的个性化定制、丰富的选择、便捷的购物体验等因素密切相关。在电子商务供应链管理中，企业应通过市场调研和分析，了解客户的需求和偏好，为客户提供更加个性化的产品和服务。同时，企业应提供丰富多样的产品选择和购买渠道，让客户有更多的选择权，提高客户满意度。此外，企业还应通过技术手段，打造令客户满意的购物体验，如提供快捷的购物流程、安全可靠的支付系统等,方便客户购物并提高其满意度。

二、电子商务供应链管理的特点

(一)信息共享

随着网络技术的发展和信息化时代的到来,信息成为企业间相互联系和合作的桥梁。电子商务供应链管理的特点之一就是实现供应链各参与方之间的信息共享,以提高供应链的效率和响应能力。信息共享可以实现以下三个目标。

1. 实现对供应链的全面掌控

通过信息共享,电子商务供应链管理可以实现对供应链活动的全面掌控。例如,供应商、制造商、经销商和零售商之间可以共享订单信息、库存信息、物流信息等,以便实现供需平衡和优化,减少库存成本和运输成本。

2. 促进供应链各环节的协同合作

通过共享信息,各参与方可以更好地理解整个供应链的运作情况,有助于从整体的角度制定供应链策略,并及时调整和协调各环节的行动。例如,当某一环节发生变化或出现问题时,及时共享信息可以帮助其他环节做出相应的调整,避免供应链中断和延误。

3. 增强供应链的灵活性和适应性

通过共享信息,供应链各参与方可以更准确地预测市场需求和变化趋势,从而调整生产、采购和物流等环节,迅速适应市场需求变化。例如,通过共享消费者需求信息和销售数据,供应商可以根据需求的变化调整生产计划,以减少库存积压和滞销现象。

(二)即时反应

即时反应强调了在电子商务环境下,供应链管理需要实时、迅速地做出反应来满足市场变化的需求。在传统的供应链管理中,受信息传递和响应速度的限制,企业常常需要花费大量的时间和人力去处理订单、库存管理和物流等问题。而电子商务的出现改变了这一情况。

在电子商务供应链管理中，通过网络和信息技术的支持，供应链各个环节之间实现了高效的信息共享和实时数据传递。这大大提升了供应链管理的效率和准确性。以即时反应为核心的供应链管理，可以迅速获取市场需求信息并及时调整生产计划、库存管理和物流配送等环节，以满足市场需求。

电子商务供应链管理需要建立起高效的信息系统，以便及时传递信息和数据。这样，供应链内各个环节的信息都能够得到有效的共享和传递，不存在信息壁垒和滞后的情况。

供应链管理者需要借助先进的技术手段，如物联网、大数据分析和人工智能等，来实现对供应链数据的实时监测和分析。通过对实时数据的综合分析，供应链管理者能够快速识别和把握市场的变化趋势，从而做出准确的决策和调整。

供应链各个环节之间的合作和协调也是实现即时反应的关键。供应链的参与方，包括供应商、制造商、物流公司等，需要紧密配合，共同制定响应策略和快速执行策略。只有供应链内各个环节快速反应和协同配合，才能使供应链管理真正做到即时反应。

（三）全球化

电子商务供应链管理的一个重要特点是全球化。随着全球市场的日益一体化和互联网技术的快速发展，企业的经营范围不再局限于国内市场，而是扩展到了全球市场。在全球化背景下，电子商务供应链管理面临许多挑战和机遇。

全球化使供应链管理需要考虑不同国家和地区之间的差异性。不同的国家拥有不同的法律、政策、文化和习惯，这些差异性对供应链的运作和管理产生了影响。企业在进行全球化供应链管理时，需要了解并适应这些差异性，以确保供应链顺利运作。

全球化带来了供应链网络的扩展和复杂化。在全球范围内，企业可能会与来自不同国家的供应商、生产商和分销商进行合作。这意味着供应链中的节点和环节增加了，供应链网络变得更加庞大和复杂。为了确保供应链高效运转，企业需要建立适应全球化的供应链网络结构，合理规划物流和信息流的流动路线。

全球化使供应链管理需要更加注重跨国合作和协调。在全球化供应链中，各个节点之间的协作和合作变得尤为重要。企业需要与跨国供应商进行有效的协商和沟通，以确保供应链中的信息和资源能够及时共享和平衡。此外，企业还需要协调不同国家和地区的供应链环节，统一管理和控制供应链的各个方面。

三、电子商务供应链管理的作用

(一)提升竞争力

随着互联网时代的到来,电子商务的快速发展使市场竞争更加激烈。为了在竞争激烈的市场环境中立足,企业需要通过供应链管理来提升自身的竞争力。

电子商务供应链管理可以优化信息流、物流和资金流,实现资源的优化配置。通过建立高效的信息系统和物流网络,企业可以更好地了解市场需求、管理库存、有效配送产品,从而提高供应链的运作效率和响应速度。通过电子商务供应链管理,企业可以合理调整供应商和分销商的角色定位,降低成本,提高效益。

电子商务供应链管理可以促进供应链成员间的紧密协作与合作。在传统的供应链管理中,信息的传递和沟通往往存在困难和延迟,而电子商务的出现极大地改变了这种情况。通过电子商务平台,企业可以实现供应链成员间信息的实时共享和沟通,提高协作效率。供应链中的各个环节可以更好地协同工作,提高整个供应链系统的响应速度和灵活性,进而提升企业的竞争力。

电子商务供应链管理还可以帮助企业更好地了解市场需求,并根据市场需求进行产品的开发和创新。通过电子商务平台对客户的需求进行数据分析,企业可以及时掌握市场的变化趋势,快速调整供应链的运作方式。同时,供应链管理的灵活性和敏捷性使企业能够及时推出符合市场需求的产品和服务,提高客户满意度,从而增强企业的竞争力。

(二)降低运营成本

在电子商务领域,通过合理、有效的供应链管理,企业能够优化运营过程,提高资源利用效率,从而降低成本。

1. 减少中间环节和降低物流成本

在传统商业模式中,商品从生产商到消费者需要经过多个环节,每个环节都需要支付相应的费用,如仓储、运输、经销商等。而电子商务直接连接了生产商和消费者,大大减少了中间环节,有效地降低了成本。电子商务还可以通过与物流公司合作,获得更低的物流成本,进一步实现成本的降低。

2.数字化管理和信息化技术的应用

通过采用信息化系统，企业可以实现订单、库存、运输等信息的集中管理和自动化处理，提高工作效率，减少人力成本。通过应用数据分析和预测算法，企业可以更加准确地掌握市场需求和消费者偏好，避免库存积压和滞销现象，进一步降低运营成本。

3.有效的供应商管理和供应商合作

企业可以与优质的供应商建立长期合作关系，借助供应商的规模效应和专业能力，获取更低的采购成本。同时，通过供应链管理的协同和协作机制，企业可以更好地与供应商进行信息共享、计划协调和资源整合，提高整体供应链的效率，降低运营成本。

（三）提高服务质量

在电子商务供应链管理中，通过优化供应链流程和强化服务环节，企业可以提供更加优质和满足客户需求的服务，从而提升客户满意度和忠诚度。

电子商务供应链管理通过优化物流和配送流程，实现了更加快速和准确的物流服务，缩短了客户的等待时间。在传统供应链管理中，物流过程烦琐、信息流通不畅，导致了送货周期长、延误等问题，严重影响了客户满意度。而电子商务供应链管理实现了实时的运输跟踪和配送管理，提高了物流效率，使客户更加准确地知道商品的送达时间，提高了客户对服务的满意度。

电子商务供应链管理通过强化售后服务环节，提供了更加全面和及时的客户支持。在传统供应链管理中，售后服务体系不够完善，客户在遇到问题或者需要咨询时往往面临等待时间长、反馈不及时等困扰。而通过电子商务供应链管理，企业可以建立更加完善的售后服务体系，包括在线客服、电话咨询、在线退换货等多种渠道，提供了全天候和多样化的服务，方便了客户沟通，增加了解决问题的途径，从而提高了客户满意度。

电子商务供应链管理还可以通过数据分析和个性化推荐等手段，为客户提供更加个性化和精准的服务。通过对客户消费行为的分析，企业可以了解客户的需求和偏好，从而有针对性地推荐和提供相关产品或服务。这种个性化的服务能够更好地满足客户需求，提高客户满意度和忠诚度。

(四)增强企业适应市场变化的能力

企业面对市场竞争和变化时,必须具备较强的适应能力和较高的灵活性。而电子商务供应链管理正是帮助企业增强适应市场变化能力的重要手段之一。具体来说,它通过以下四个方面来实现这一目标。

1.提供信息共享和协同平台

在市场变化快速的情况下,即时获得准确的信息是企业适应市场变化的基础。通过电子商务供应链管理系统,企业可以与供应商、零售商、物流企业等合作伙伴实时共享信息,掌握市场需求、消费趋势等相关数据,从而更快地做出反应、调整生产计划和推出新产品等。

2.促进企业内部协同合作

在传统供应链中,各个环节往往相对独立,信息成本高,沟通效率低,难以做到协同运作。而电子商务供应链管理通过应用信息技术,将各个环节连接起来,促进沟通和合作,提高运作效率。企业可以实时获取订单、库存、生产进度等信息,做到及时调整,提高生产效率,降低库存成本。

3.帮助企业进行物流网络优化

随着电子商务的发展,物流网络变得更加复杂,需要更高的运作效率和灵活性。通过电子商务供应链管理系统,企业可以实时追踪物流信息,根据市场需求变化灵活调整运输路线、配送计划以及优化仓储管理,从而更好地满足客户需求,提高服务质量。

4.提供数据分析和预测功能

通过收集和分析市场数据、消费者行为等信息,企业可以做出更准确的决策,及时调整战略,调整产品定位或推出新产品,以适应市场变化。这种数据驱动的决策可以大大减少盲目经营的风险,增强企业的竞争力。

四、电子商务供应链管理的重要性

(一)保障供应链稳定运行

供应链涉及多个环节和参与方,如供应商、制造商、物流公司、经销商等。只有供应链稳定运行，各个环节之间的合作和协调才能顺畅进行。为此必须做好以下三个方面的管理。

1.建立高效的信息系统

通过建立信息系统，各个环节可以实时共享信息和数据，从而减少信息传递的时间和成本。同时，有效的信息系统可以帮助企业准确预测市场需求，及时调整生产和供应计划，避免供过于求或供不应求的情况发生，从而保证供应链稳定运行。

2.优化物流和配送系统

在电子商务中，配送的速度和准时对客户的体验至关重要。因此，企业应该与物流公司建立良好的合作关系，确保能够按时送达产品。同时，使用先进的物流技术和设备，如自动化仓储系统和智能配送车辆，可以提高物流效率，降低成本，进一步保障供应链稳定运行。

3.建立稳定的供应链伙伴关系

在电子商务供应链管理中，企业需要与供应商和经销商建立长期、稳定的合作关系。建立信任和互利的伙伴关系，可以确保供应商稳定地提供原材料和零部件，经销商稳定地销售产品。同时，共同制订供应链管理方案和策略，共同应对市场变化和挑战，也是保障供应链稳定运行的关键。

（二）创造企业和客户价值

创造企业价值是通过降低成本、提高运营效率来实现的。电子商务供应链管理的特点之一是实现全流程的信息共享，从而使企业能够进行精确的需求预测、准确的库存管理以及高效的物流配送。通过优化供应链各个环节的协同与协调，企业能够降低库存成本、物流成本和运营成本，实现资源和资金的最优配置，增加企业的利润空间。

创造客户价值是通过提供高质量产品和满足客户个性化需求来实现的。电子商务供应链管理的另一个特点是即时反应。通过利用信息技术和数据分析，企业可以获取客户的购买习惯、偏好和需求，进而根据客户需求定制产品、提供个性化服务，提高客户满意度和忠诚度。此外，电子商务还支持企业与客户之间的直接交流和互动，能够及时获取客户的反馈和建议，从而不断改进产品和服务，满足客户不断变化的需求，得到客户的认可和长期支持。

第三节　电子商务供应链管理的原则

一、集成性原则

(一)集成性原则概述

在电子商务供应链管理中,集成性原则指导着供应链的设计和运营。集成性原则强调各个环节之间的紧密联系和有效协作,以实现供应链的整体优化。

集成性原则要求在供应链的各个环节建立紧密沟通和信息共享机制。这种信息流通机制可以促进各个环节更好地协调和协作,避免信息滞后和不一致,从而提高整个供应链的效率和响应能力。

在实施集成性原则时,供应链的各个环节应该积极寻求协同效应和资源共享。实现供应链内外部合作伙伴之间的资源共享,可以实现规模经济效益,并为整个供应链的创新和竞争提供更好的支持。

集成性原则要求供应链的各个环节实现业务流程的无缝衔接和协调。建立高效的流程和业务规范,可以减少数据处理和业务操作中的时间浪费和错误,提高供应链的业务执行能力,并为实现供应链的跨企业一体化提供基础和保障。

集成性原则也强调在供应链管理中要注重整个企业的绩效指标和目标的统一。尽管供应链的各个环节是相对独立的,但它们都应该有与整个企业相一致的战略目标和关键绩效指标,以实现整体的改进和优化。

(二)集成性原则应用实例

在电子商务供应链管理中,集成性原则被广泛应用。下面以一个实际的应用案例来说明集成性原则在电子商务供应链管理中的应用。

某公司是一家以电商平台为主要销售渠道的零售企业,面对日益激烈的竞争压力和变化多样的市场需求。为了提高供应链的效率和响应速度,公司决定采用集成性原则来优化供应链管理。

公司与供应商建立了紧密的合作关系。通过与供应商的密切沟通和协调,公司可以及时了解市场需求的变化,并相应地调整采购计划。供应商也能够根据公司的需求提前准备货物,确保及时供货。

公司利用信息技术手段实现了供应链的信息共享与集成。公司与供应链各个环节的合作伙伴建立了电子数据交换系统，通过系统实时共享销售数据、库存情况和物流信息。这样一来，公司可以准确掌握各环节的情况，及时调整生产和物流计划，避免库存积压或缺货的情况发生。

为了加强供应链协调管理，公司引入了物流管理系统来优化物流环节。通过物流管理系统，公司可以对运输和配送过程进行有效监控和管理，提高物流效率，减少物流成本。公司与物流服务提供商建立了长期合作关系，共享资源并互相支持，以确保供应链顺利运行。

二、适应性原则

(一)适应性原则概述

适应性原则强调供应链管理需要具备灵活性和适应性，以应对不断变化的市场环境和客户需求。在快速发展的电子商务行业中，市场竞争日益激烈，消费者需求在不断变化。因此，供应链管理必须具备适应性，以保持竞争力并满足客户的期望。适应性原则要求供应链管理必须做好以下三个方面工作。

1. 在产品和服务范围上不断拓展和调整

电子商务企业要通过不断创新和开拓，引入新的产品和服务，以满足不同的市场需求。这要求企业在产品设计、供应商选择、生产流程等方面具备灵活性，能够迅速响应市场变化并调整供应链体系。

2. 能够应对供应链的多样性和复杂性

电子商务供应链通常包括多个环节和多个参与方，如供应商、生产厂商、物流公司、零售商等。每个环节和参与方都有自己的特点和需求，供应链管理需要具备深入理解和把握不同环节和参与方的能力。只有灵活协调和合作，才能在不同环节之间实现高效的信息流、物流和资金流，确保供应链顺畅运转。

3. 具备及时调整和改善的能力

在电子商务行业，技术和市场的变化速度惊人。供应链管理必须密切关注市场趋势和新技术的应用，及时进行调整和改进。这要求企业具备敏锐的洞察力和快速的反应能力，能够迅速捕捉到变化，并灵活地调整供应链策略和流程。

（二）适应性原则应用实例

为了更好地理解适应性原则，下面以某电子商务企业为例进行分析。

在某电子商务企业中，适应性原则的运用非常明显。这家企业采用了先进的信息技术来实现供应链的灵活性与适应性。通过建立高效的信息系统，该企业实时获取市场信息、销售数据和库存情况等，从而及时调整供应链中各环节的运作，以满足市场变化的需求。这种信息化的运作方式不仅提高了供应链管理的效率，还使企业能够更加敏锐地感知市场动态并做出相应的调整。

该企业在供应链伙伴的选择和合作上也体现了适应性原则。为了应对市场需求的变化，该企业与供应商建立了密切的合作关系，并共享信息和资源。通过与供应商的紧密合作，更加灵活地调整产品的生产和配送，以满足客户不断变化的需求；同时，还与物流服务提供商合作，确保产品能够及时、准确地送达客户手中。

该企业还注重人力资源的灵活运用，以实现供应链的适应性。面对市场需求的波动，能够灵活调配人力资源，确保每个环节都能够及时、高效地完成任务。

三、最优性原则

（一）最优性原则概述

在电子商务供应链管理中，最优性原则是指通过优化资源配置和决策，实现供应链内外整体效益最大化。

最优性原则要求针对供应链中的关键环节和流程进行精细化管理和优化。通过对供应链中关键环节的理解和分析，企业可以找出供应链效率和效益的短板，采取相应的优化措施来提高整体效益。例如，在供应链的仓储环节，可以通过合理布局仓库、优化库存管理、采用先进的仓储设备和技术等措施，提高仓储效率和降低成本，从而实现整体供应链的最优效益。

最优性原则强调供应链各个环节之间的协同和协调。供应链是由多个环节和参与方组成的复杂系统，各个环节之间的协同和协调对于实现最优效益至关重要。例如，在生产环节，与供应商紧密合作，实现原材料的准时供应，避免因供应链中断导致的生产延误和成本增加。与销售环节紧密协调也可以避免因库存积压或订单信息不准确导致的损失。

最优性原则强调供应链管理中的数据分析和决策支持。通过建立有效的监控和数据分析体系，企业可以了解各个环节的运作状态和效益情况，从而及时调整决策和优化措施。例如，通过供应链绩效评估指标的制定和数据分析，可以识别出影响供应链效益的关键因素，并在实践中进行相应的优化调整。

（二）最优性原则应用实例

为了在电子商务供应链管理中实现最优性，企业需要采取一系列策略和行动。下面通过一个具体的应用实例来说明最优性原则在电子商务供应链管理中的应用。

某电子商务公司面对高度竞争的市场环境，为了提高其供应链的效率和降低成本，决定采取最优性原则来进行供应链管理。该公司通过优化供应链中的流程来实现最优性原则。该公司分析了整个供应链流程，并识别了存在的"瓶颈"以及不必要的环节。通过去除这些"瓶颈"和环节，该公司成功地简化了供应链流程，从而提高了整个供应链的效率。例如，该公司通过与供应商建立紧密的合作关系，实现了及时和准确的物流配送，从而降低了物流成本和库存风险。

该公司通过数据分析和技术应用来实现最优性原则。该公司利用先进的数据分析工具，对供应链中各个环节的数据进行收集、分析和整理。通过深入了解供应链中的数据，该公司能够更好地预测需求、优化库存管理，并调整生产和配送计划，以确保产品按时到达消费者手中。此外，该公司还利用物联网技术和人工智能技术来实现供应链的自动化和智能化，从而提高了供应链的响应速度和灵活性。

该公司通过建立合作伙伴关系来实现最优性原则。该公司与供应商、物流服务提供商和其他相关方进行紧密合作，共同制定供应链管理战略和目标。通过共享信息和资源，该公司能够更好地协调供应链的各个环节，共同应对市场变化带来的挑战。例如，当市场需求出现变化时，该公司能够迅速调整生产计划和库存策略，保证产品能够及时上市。

四、合作性原则

在电子商务供应链管理中，合作性原则强调的是供应链各个环节之间的紧密合作和协同工作，以实现整个供应链的高效运作和业务绩效优化。在实践中，供应链各个参与方需要建立起相互信任和合作的关系，追求共赢。

合作性原则要求供应链各个参与方之间建立起稳定的合作关系。例如，供应商与制造商之间需要建立稳定的供应合同，以确保物料准时供应和品质优质。同时，制造商与分销商之间也需要建立合作关系，以确保产品准时配送和市场销售顺利进行。这种稳定的合作关系可以为供应链整体效能的提升提供保障。

合作性原则要求供应链各个参与方之间积极沟通和协调。只有通过有效的沟通，各方才能清楚了解彼此的需求和预期，从而更好地做出决策和行动。这种协调和沟通可以通过定期会议、信息共享和协同工作等方式展开，以实现供应链各个环节的紧密衔接和流畅运作。

合作性原则要求供应链的各个参与方共同承担风险和分享回报。例如，当供应链遇到一些挑战或风险时，各参与方应该密切合作，共同商讨解决方案，以降低风险和减小损失。而当供应链取得成功时，各参与方也应该共同分享这些回报，以激励和鼓励进一步的合作。

合作性原则还要求供应链各个参与方之间建立起长期、稳定的合作关系，为供应链带来更多的机会和益处。例如，当供应链各个参与方之间建立起了互信和依赖关系后，他们往往更愿意开展长期合作，共同实施更多的供应链创新和改进措施，以提升整体业务绩效和竞争力。

五、敏捷性原则

敏捷性原则是电子商务供应链管理的重要原则之一。随着市场竞争的不断加剧和消费者需求的不断变化，供应链管理需要具备敏捷性，以快速适应市场变化，及时提供产品和服务。

敏捷性原则要求供应链管理具备快速决策的能力。这意味着在面对市场机会或挑战时，供应链管理应能够快速收集和分析相关数据，迅速做出决策。对于供应链来说，时间就是金钱，敏捷决策可以使企业抢占市场先机，提高竞争力。

敏捷性原则要求供应链管理具备灵活的生产和物流能力。供应链管理需要根据市场需求的变化，实现快速调整生产和物流。例如，与供应商和物流服务提供商建立紧密的合作关系，可以实现及时供应和快速交付，以满足消费者的需求。

敏捷性原则要求供应链管理进行灵活的产品设计和供应链配置。随着科技的不断发展，产品更新换代的速度加快，消费者需求也日益多元化。供应链管理需要及时调整产品设计和供应链配置，以适应市场变化。这可以通过与研发团队和供应商的紧密合作来实现，推出具备创新功能和良好用户体验的产品。

敏捷性原则要求供应链管理在信息共享和沟通方面更加灵活、高效。供应链各环节之间的信息共享和沟通是保证敏捷性的重要基础。供应链管理应通过信息技术建立实时、准确的信息共享平台,使供应链各参与方能够及时了解市场需求和产品状态,以便做出相应的调整和决策。

六、透明性原则

根据电子商务供应链管理的透明性原则,企业应该建立起透明的沟通与信息共享机制,确保供应链各个环节都能够清晰、透明地展示出来。透明性原则不仅是指企业在供应链中共享信息,还包括企业与客户、供应商等参与方之间的透明沟通。在电子商务环境下,透明性原则的实施变得尤为关键。

透明性原则要求企业与供应链中的各个合作伙伴建立起良好的合作关系。通过建立合作机制,企业能够与供应商、分销商等进行有效沟通,共同制定供应链管理的最佳策略。通过透明的交流,企业可以及时了解到供应链中的风险因素,从而采取相应的措施来解决问题,保证供应链稳定运作。

透明性原则要求企业与客户进行积极的信息共享。在电子商务环境下,客户往往期望能够随时随地了解产品的生产情况、物流进程等信息。通过透明的供应链管理,企业能够为客户提供准确、及时的信息,增强客户对企业的信任度。例如,企业可以通过物流跟踪系统,让客户随时了解订单配送情况,提供实时的物流信息,使客户对订单的到达状态有清晰的掌握。

透明性原则的实施需要建立起有效的信息管理系统。企业应该借助信息技术工具,确保供应链中的信息能够及时、准确地共享。例如,企业可以建立供应链管理平台,将供应链各个环节的信息集中管理,使相关人员能够方便地查询和检索供应链中的各项数据。通过信息化手段的支持,企业能够提高供应链的响应速度,减少信息传递误差,提升供应链管理的效率和准确性。

第三章　大数据技术在电子商务供应链管理中的应用

第一节　基于大数据技术的电子商务供应链采购管理

一、基于大数据技术的电子商务供应链采购管理的目标

（一）提高采购效率

在基于大数据技术的电子商务供应链采购管理中，提高采购效率是一个重要目标。提高采购效率可以带来诸多好处，包括缩短采购周期、降低库存成本、提高客户满意度等。为了实现这一目标，供应链管理者可以采取以下四种策略。

1.利用大数据技术对供应商进行全面的评估和筛选

通过收集和分析供应商的历史性能数据、产品质量数据以及供应商的信用评级等信息，采购团队可以更加准确地选择合适的供应商。利用大数据分析工具，可以将采购需求与供应商的能力进行匹配，进一步优化供应商的选择。

2.建立电子化采购平台进行采购流程管理

建立电子化采购平台，可以实现采购流程的标准化和自动化。采购团队可以在平台上发布采购需求，供应商可以通过平台进行报价和提交供货计划。采购团队可以通过平台实时监控采购进度和供应商履约情况，及时做出调整和决策。这不仅提高了采购效率，还减少了人为因素造成的错误和延误。

3.利用数据分析和预测技术进行供应链优化和协调

对大数据进行分析和挖掘，可以从中发现潜在的供应链问题和“瓶颈”，并及时采取措施加以解决。例如，分析历史销售数据和需求趋势，可以预测未来的需求，并提前调整采购计划和库存控制。利用数据分析还可以优化采购订单的批量和频率，降低采购成本和存货风险。

4.建立供应链协同和信息共享平台

与供应商、仓储和物流等各个环节合作，建立起供应链协同和信息共享机制。这样可以实现信息的及时传递和共享，避免信息滞后和断层，更好地协调和优化供应链的运作。例如，采购团队可以与供应商建立实时的供应链信息共享平台，及时交换采购需求和供应能力等信息，从而实现采购计划的有效协调和执行。

（二）降低采购成本

在传统采购管理中，成本控制一直是企业关注的焦点。随着大数据技术的应用，企业在采购过程中可以借助数据分析来识别供应链中的成本优化机会，从而降低采购成本。

大数据技术可以帮助企业实现供应链中成本的可视化和透明化。通过电子商务平台，企业可以将采购过程中的数据记录下来，并进行分析和统计。这些数据包括供应商的报价、交易量、采购周期等。通过对这些数据的分析，企业可以清晰地了解采购过程中的成本构成，进而发现潜在的成本降低空间。例如，企业可以通过比较不同供应商的报价来做出性价比更高的选择，从而降低采购成本。

大数据技术可以帮助企业优化采购决策，进一步降低采购成本。通过对大量历史采购数据的分析，企业可以识别出采购过程中的规律和趋势。例如，企业可以发现一些商品的采购价格在某个时间段内较为稳定，从而选择在此时间段购买，以获取更大的价格优势。另外，通过分析供应商的交货准时率和产品质量等数据，企业可以更好地选择合作供应商，避免因为供应商的问题导致的成本增加。

大数据技术可以帮助企业建立更加精准的需求预测模型，从而减少采购库存和滞销现象，降低成本。通过分析大量的销售数据和需求数据，企业可以发现产品的季节性销售规律和趋势。在采购时，企业可以根据需求预测结果进行精准采购，减少因为库存积压导致的成本浪费。

大数据技术还可以帮助企业与供应链中的其他参与方进行协同，降低采购成本。通过数据共享和信息交流，企业可以更好地与供应商、物流公司和仓储等合作，提高采购效率，减少不必要的成本支出。例如，企业可以通过电子商务平台与供应商实现交易信息实时共享，从而降低采购成本和交易风险。

(三)提升采购准确性

要全面提升采购准确性,需做好以下五个方面的工作。

1.建立全面的供应商数据库

收集、整理和更新供应商的相关信息,评估和筛选供应商的质量、信誉和服务水平,可以提高采购决策的准确性。该数据库应包括供应商的基本信息、资质认证、产品质量报告、交付能力、价格水平等数据。

2.运用数据分析技术进行采购需求预测

对历史采购数据、市场趋势、销售预测等进行综合分析,可以精确预测未来的采购需求,避免采购过剩或采购不足的情况发生,提高采购的准确性。

3.建立供应链各个环节的实时监控系统

利用传感器、物联网和大数据分析技术,可以实时监控库存水平、物流运输状态、供应商履约情况等。当发现异常情况时,能够及时采取措施,确保采购过程的准确性。

4.引入智能化的采购管理系统

引入人工智能和机器学习等技术,可以快速、准确地处理采购订单、供应商合同、付款发票等采购文件,减少人工错误的发生,提高采购准确性。

5.加强供应商和内部员工的培训和沟通

采购准确性的提升不仅依赖于技术手段,还需要供应商和内部员工的共同努力。培训供应商,使其了解公司的需求和要求,并保持良好的沟通,可以降低供应商出现交付错误的风险。同时,培训内部员工,提高其对采购相关流程和准确性的认识,避免人为因素导致的错误。

(四)优化供应链结构

在基于大数据技术的电子商务供应链采购管理中,优化供应链结构是一个重要的目标。通过优化供应链结构,企业可以更好地应对市场变化,提高采购管理的整体效益。为此,必须做好以下四个方面的工作。

1.建立高效的信息流和物流系统

借助大数据技术,企业可以实时地收集、管理和分析各种采购信息,包括产品信息、价格、供应商信息等。这样可以帮助企业更精准地掌握市场需求,及时调整供应链中的物流流程,降低物流成本并提高配送速度。通过优化信息流,企业可以更好地与供应商进行沟通和协作,加强供应链各环节之间的协调,提升整体采购效率。

2.重视供应商选择与管理

大数据技术可以帮助企业收集供应商的绩效数据,如交货时间、产品质量、售后服务等方面的表现。通过分析这些数据,企业可以评估供应商的稳定性和可靠性,从而选择最合适的供应商。大数据技术还可以用于供应商绩效的跟踪和监测,及时发现问题并采取相应的措施,保证供应链稳定运行。

3.注重合理的库存管理

大数据技术可以实时监测库存水平和销售需求,并根据预测模型对未来的销售情况进行预测。基于这些数据分析,企业可以制定合理的库存策略,避免库存过剩或不足的情况出现,以降低库存成本并提高库存周转率。

4.加强与分销渠道的协同合作

通过与分销渠道的信息共享,企业可以更好地掌握市场需求和销售趋势,及时调整采购计划。同时,大数据技术可以帮助企业分析分销渠道的销售数据,了解市场反馈和消费者需求,为采购决策提供有力支持。

二、基于大数据技术的电子商务供应链采购管理的内容

(一)大数据采集与处理

在基于大数据技术的电子商务供应链采购管理中,大数据采集与处理是一个至关重要的环节。通过采集和处理大量的数据,企业可以有效地了解市场需求、供应链状态以及竞争对手的动向,从而优化采购策略,实现供应链管理的目标。

在大数据采集方面，企业可以通过各种渠道获取相关数据，包括销售数据、库存数据、市场调研数据等。这些数据可以来自企业内部的系统，如企业资源计划(ERP)系统和客户关系管理(CRM)系统，也可以来自外部的数据源，如市场研究机构和供应链伙伴的数据。企业应该建立起稳定、高效的数据采集机制，确保数据的准确性和及时性。

采集的数据通常是庞大而复杂的，涉及多个维度和变量。因此，企业需要运用适当的数据处理工具和技术，将原始数据转化为可用于分析和决策的结构化数据。这包括对数据进行清洗、整合和转换，以及运用统计分析、机器学习等方法挖掘和提取数据中有价值的信息。

在大数据采集与处理过程中，企业还需考虑数据安全和隐私保护问题。由于采集的数据涉及企业内部信息以及客户隐私，企业需要制定合适的数据安全策略和隐私保护措施，以确保数据的安全性和合法性。

(二)需求预测与供应链优化

在基于大数据技术的电子商务供应链采购管理中，通过准确预测市场需求，并优化供应链管理，企业能够实现采购的精准化和高效性。

在需求预测方面，借助大数据技术，企业可以收集并分析各种市场数据，如销售数据、消费者行为数据、市场趋势等。通过对这些数据的挖掘和分析，企业可以识别出潜在的需求模式和趋势，预测未来的市场需求。例如，通过对历史销售数据的分析，企业可以识别出季节性需求变化或产品热销期，从而合理安排采购，避免出现库存积压或缺货的情况。

供应链优化是实现高效采购管理的关键。利用大数据技术，企业可以全面了解供应链各环节的状态，包括供应商的能力、物流运输的效率等。通过对供应链数据的分析，企业可以识别出“瓶颈”点和潜在的问题，并采取相应的优化措施。例如，通过对物流数据的分析，找出运输过程中的延误点，并优化物流路线，提高物流的效率；通过对供应商数据的分析，评估供应商的信誉和能力，以便选择合适的供应商合作，确保物资及时供应。

在需求预测与供应链优化的基础上，企业可以制定具体的采购策略。根据需求预测结果，企业可以制订采购计划，合理安排采购时间和数量，并与供应商进行协商和谈判，以达到最优的采购效果。同时，企业还可以利用大数据技术进行供应链风险预警，及时应对潜在的供应链风险，保证采购过程顺利进行。

(三)采购决策与执行

采购决策的目标是合理选择供应商,确保采购的品质和效益。采购执行则是根据采购决策的结果进行的实际采购活动。

采购决策阶段需要借助大数据技术对供应商进行评估和选择。通过大数据分析,对供应商的绩效、信用等进行全面评估,从而明确他们是否满足采购需求。在选择供应商时,需要充分考虑其供货能力、价格竞争力、售后服务等方面的因素,以确保采购的效益。

在采购执行阶段,大数据技术也发挥了巨大的作用。大数据分析可以帮助企业实时掌握市场变化、产品需求等信息,从而及时调整采购计划。大数据技术还可以实现供应链的可视化管理,让采购人员能够清晰地了解供应链的运作情况,从而更好地进行采购决策和执行。

大数据技术可以优化采购过程。通过对采购数据的分析,企业可以识别出潜在的风险和问题,提前进行预防和解决。大数据技术还可以提高采购的准确性和效率,自动处理一些烦琐的操作,节省人力资源,降低采购成本。

(四)采购结果评估与反馈

在基于大数据技术的电子商务供应链采购管理中,通过对采购结果的评估与反馈,企业能够了解到采购活动的实际效果,并基于这些结果做出相应的调整与改进。

对采购结果进行评估是必不可少的。评估的目的是衡量采购活动的有效性和效率,以确定是否达成预期目标。在评估过程中,可以采用多种指标和方法,如采购成本对比分析、供应商绩效评估、采购周期时间分析等。通过对采购结果的定量和定性评估,相关人员可以发现存在的问题和不足之处,并提出相应的改进建议。

采购结果的反馈是实现持续改进的关键环节。通过对采购结果的反馈,可以及时纠正不足,优化采购流程,提高整体供应链的效率和效益。反馈的形式可以是定期的会议和报告,也可以是数据和信息的实时共享。通过反馈机制,相关部门和人员能够及时了解采购活动的实际情况,并及时采取行动,以提升采购管理的质量和效果。

采购结果的评估与反馈需要建立在充分的数据基础上。大数据技术的运用使采购过程和结果的数据收集、分析变得更加方便和高效。通过采集和处理大量的数据,可以更准确地评估采购结果,发现潜在的问题并进行调整和优化。同时,大数据技术还可以支持实时的数据监控和反馈,使采购管理能够更加及时和精确地进行调整和改进。

三、基于大数据技术的电子商务供应链采购管理的原则

(一)数据驱动决策原则

数据驱动决策是指在采购管理过程中,所有的决策都应该基于准确、全面、及时的数据分析和评估。通过对采购数据进行收集、整理和分析,企业可以获得有关供应链情况、市场趋势和竞争对手的信息,从而为决策提供科学的依据。

数据驱动决策可以帮助企业了解供应链采购的当前状况。通过收集和分析数据,企业可以获得供应链采购环节的详细信息,包括供应商评估、物流和仓储的情况、库存和订单的管理等。这些数据可以帮助企业了解供应链的运作效率和效果,及时发现问题并采取相应的措施进行改进,从而提高采购管理的效益。

数据驱动决策可以帮助企业分析市场趋势和预测需求。通过对市场数据的收集和分析,企业可以了解不同产品的市场需求量、价格趋势、竞争对手的策略等信息。这些数据可以帮助企业制订合理的采购计划,确保供应链供需平衡,避免过量或过少采购,提高采购的效率和灵活性。

数据驱动决策可以帮助企业评估供应商的绩效和风险。通过对供应商数据进行监测和分析,企业可以评估供应商的交货准时率、产品质量、价格和服务等方面的绩效。这些数据可以帮助企业选择最合适的供应商,并及时发现和应对供应商的潜在风险,确保供应链的稳定性和可靠性。

数据驱动决策可以帮助企业持续优化和创新采购管理。通过对采购管理数据的分析,企业可以发现潜在的问题和“瓶颈”,并采取相应的改进措施。此外,数据驱动决策还可以帮助企业发现新的采购机会和创新点,为企业的发展和竞争提供新的动力。

(二)供需平衡原则

供需平衡是指在采购管理过程中,确保供应商提供的产品或服务能够满足企业需求。确保供需平衡,在电子商务供应链采购管理中可以实现有效的资源配

置，降低采购成本，提高供应链的效率。

供需平衡原则要求企业在采购前对市场需求准确地进行预测和分析。借助大数据技术，企业可以收集和分析海量的市场数据，包括历史采购数据、市场价格波动、竞争对手的供应情况等。通过对这些数据的深度挖掘和分析，企业可以识别市场供需状况，了解产品需求的变化趋势，从而为采购决策提供科学的依据。

供需平衡原则要求企业与供应商建立紧密的合作关系。在电子商务供应链中，供应商的供货能力直接影响企业的采购计划和供应链的稳定性。因此，企业应该积极与供应商沟通，了解供应商的生产能力、交货周期以及质量控制措施等关键信息。与供应商密切合作，可以有效地平衡供应与需求，确保供应商按时交货，满足企业的需求。

供需平衡原则还要求企业在采购管理中充分考虑供应链的弹性和灵活性。随着市场的不断变化，需求量和产品种类可能会发生变化。因此，企业需要建立灵活的供应链管理系统，实时调整供应商和采购计划，以便及时满足市场需求。在大数据技术的支持下，企业可以通过快速收集和分析市场数据，预测需求的变化，并及时调整供应商和采购策略，以确保供需平衡。

（三）采购透明与公正原则

在当今信息技术高度发达的时代，采购过程的透明化和公正性成为供应链采购管理的核心要素。借助大数据技术，企业可以实现对采购过程的全面监控，并确保决策的公正性和合规性。

采购透明原则要求供应链的各个环节都应实现信息的透明、共享。通过大数据技术，企业可以实时获取供应商的销售数据、库存状况、交货能力等信息，从而了解市场供需情况，进行有效的采购决策。此外，大数据技术还可以帮助企业监控供应商的交货及时性，减少供应链中的延迟和风险。

采购公正原则要求所有参与采购过程的利益相关方都享有平等的机会，并要遵守一定的规则和程序。通过大数据技术，企业可以建立供应商评估机制和采购程序，确保采购过程的公正性。例如，设定供应商评估指标和权重，以客观的数据为依据评估供应商的综合能力，从而避免主观因素对采购决策的影响，确保供应商选择公正、合理。

采购透明与公正原则要求采购决策应基于准确的数据分析和预测。大数据技术能够收集和分析大量的供应链和市场数据，为采购决策提供准确的信息支持。通过数据挖掘和数据分析等技术手段，企业可以预测市场需求的变化和供应链风险，从而制订合理的采购策略和计划。

采购透明与公正原则还要求企业建立健全的合同执行和纠纷解决机制。通过大数据技术，企业可以实现采购合同的全程跟踪与管理，确保供应商按照合同约定履行义务，避免合同纠纷的发生。同时，借助大数据技术，企业可以及时发现和解决采购过程中存在的问题和风险，提升供应链采购管理的效率和准确性。

（四）持续优化与创新原则

在基于大数据技术的电子商务供应链采购管理中，持续优化与创新原则强调企业不断寻求改进和创新的机会，以提高采购管理的效率和质量。

持续优化意味着企业需要持续地审视和评估现有的采购管理流程，并主动寻求改进的机会。通过运用大数据技术，企业可以对采购数据进行细致分析，发现潜在的问题和"瓶颈"，并及时进行调整和优化。例如，通过对供应商数据的分析，企业可以识别出能力不佳的供应商，并及时寻找替代方，从而提高采购效率和降低采购成本。

持续优化要求企业积极地与供应商和合作伙伴进行沟通和合作，共同推动采购管理的创新。企业可以与供应商共享采购数据，寻求合作机会。通过共享数据和资源，企业可以更好地理解供应商的能力和潜力，从而优化供应链的整体绩效。通过与供应商合作，企业可以与其共同开发创新的采购策略和模式，以适应变化的市场需求和供应链环境。

持续优化与创新原则要求企业注重引入新的技术和工具，以提升采购管理的效率和质量。例如，企业可以引入自动化采购系统，利用人工智能算法和机器学习技术来处理大量的采购数据，并自动化地生成采购订单和合同。这样可以减少人为原因造成的错误和降低时间成本，并提高采购流程的效率和准确性。

四、基于大数据技术的电子商务供应链采购管理的策略

（一）数据分析策略

在基于大数据技术的电子商务供应链采购管理中，通过对海量数据的收集、整理和分析，企业可以更好地了解市场需求、供应商绩效以及内部采购运营情况，从而有针对性地进行决策和改进。数据分析主要涉及如下四个方面。

1.数据收集

企业需要建立健全的数据收集机制，利用各种技术手段从内外部环境中获取相关数据，包括采购过程中的各种数据，如采购订单、交易记录、供应商绩效评估、价格波动等，以及来自市场调研、竞争对手分析和用户反馈等的外部数据。同时，企业还可以通过与供应商和合作伙伴共享数据来丰富自己的数据资源。

2.数据整理

海量的数据需要经过清洗、筛选和分类，以去除异常值和噪声数据，并将其转化为可用的形式。一种常用的方法是利用数据挖掘技术，通过算法和模型，从大数据中提取有用的信息和模式，帮助企业发现隐藏在数据背后的价值。另外，数据整理还可以通过建立数据仓库和数据流程管理来实现，确保数据的质量和一致性。

3.数据分析

企业可以运用各种分析方法和工具，如统计分析、机器学习、人工智能等，对数据进行深入挖掘和解读。例如，可以运用回归分析方法来分析采购成本与供应商质量之间的关系，利用聚类分析方法来发现市场的细分特征。此外，还可以利用数据可视化技术将数据以图表、图像等形式展现，使数据更加直观和易于理解。

4.数据应用

通过对数据的分析，企业可以得到有关采购管理的重要信息和见解，从而做出相应的决策和改进。例如，基于数据分析的需求预测模型可以帮助企业合理制订采购计划，避免库存过剩或不足。又如，基于数据分析的供应商评估模型可以帮助企业挑选优质的供应商，降低供应风险。因此，数据分析策略的核心任务是将分析结果与实际业务应用相结合，推动企业采购管理的优化和效益提升。

(二)需求预测策略

在基于大数据技术的电子商务供应链采购管理中，准确的需求预测可以帮助企业更好地规划采购计划，优化供应链流程，降低库存成本，并确保供应链顺畅运转。

为了实现有效的需求预测，企业需要收集和分析大量的市场数据，这些数据包括历史销售数据、市场趋势数据、竞争对手信息等。通过对这些数据的分析和挖掘，企业可以发现市场变化趋势，把握市场需求的规律性，从而准确预测未来的需求量。

企业可以借助先进的预测模型和算法来进行需求预测。传统的统计学方法已经被大数据技术所取代，企业可以利用机器学习、人工智能等技术来建立准确的预测模型。这些模型可以根据历史数据和其他相关因素自动学习和调整，提供更加准确的需求预测结果。

企业可以通过与供应链中其他环节的信息共享和协同，进一步提高需求预测的准确性。例如，与销售、生产等环节的信息共享和协同可以避免信息滞后和失真，对市场变化做出快速反应，从而更好地进行需求预测和调整采购计划。

需求预测需要与采购计划和库存管理相结合。通过综合考虑供应能力、库存成本、客户需求等因素，企业可以制订合理的采购计划和库存策略，以应对需求的波动和不确定性。在制订采购计划和库存管理策略时，企业可以借助大数据分析工具和技术，进行精细化的分析和决策。

（三）合同谈判与管理策略

在基于大数据技术的电子商务供应链采购管理中，合同谈判与管理策略起着关键作用。合同是采购管理的核心工具，合同的签署和执行可以确保供应链中各环节的协调和合作。在合同谈判与管理过程中，采购方需要与供应商进行有效的沟通和协商，以达成双方满意的合同条款和条件。

在合同谈判阶段，采购方应该明确自身的需求和目标，并全面了解供应商的能力和资源。通过分析大数据中的供应商评价数据、过往合作记录和市场情报等信息，采购方可以对供应商的信誉度、交货能力和价格优势进行评估，从而选择最适合的合作伙伴。在谈判过程中，可以利用大数据技术提供的市场动态分析和成本估算模型，为合同谈判提供科学的依据。

合同管理需要采取科学的方法和有效的工具。大数据技术可以帮助采购方建立合同管理系统，实现对合同履约情况的实时监控和报告。采集和分析大量的合同数据，可以识别出潜在的风险和问题，并及时采取措施进行调整和协调。利用大数据技术提供的预测模型和数据挖掘方法，可以对合同履约过程中可能出现的问题进行预警和预测，帮助采购方制定应对策略。

合同谈判与管理过程中，信息共享和协同合作是至关重要的。大数据技术可以构建供应链合同管理平台和系统，为采购方和供应商提供信息共享的渠道。实时监测供应链中各个环节的数据和信息，可以更好地实现合同履约情况的协调和管理，提高采购效率和交货准确度。

第二节　基于大数据技术的电子商务供应链库存管理

一、大数据技术与电子商务供应链库存管理的关联性

（一）电子商务供应链库存管理的需求

为了满足日益增长的电子商务市场需求，有效的供应链库存管理对于电子商务企业来说至关重要。电子商务供应链库存管理的需求主要体现在以下几个方面。

1.需求的不确定性

电子商务的市场环境变化快速，需求瞬息万变，传统的库存管理方法已经无法满足电子商务企业的需求。随着大数据技术的发展和应用，企业可以利用海量数据，通过分析和挖掘，预测和识别需求的变化趋势，从而更加准确地确定库存需求。

2.供应链的复杂性

电子商务供应链涉及从原材料采购到产品配送的全过程，包含多个环节和参与者。不同环节之间的信息传递不畅、协调不足，容易造成库存积压或缺货现象。大数据技术可以实现供应链各个环节的数据共享和信息流畅，提高供应链的可见性和协同性，以便更好地管理库存。

3.快速和精准的订单处理

电子商务企业通常面对大量的订单，订单的处理速度和准确性直接影响到客户满意度和企业的运营效率。利用大数据技术，可以通过对历史订单的分析，了解订单的特征和规律，从而优化订单处理流程，实现快速和精准的订单处理，降低库存积压和缺货风险。

4.库存成本的控制

库存是电子商务企业的成本要素之一。高库存会导致资金占用和库存升值风险，低库存可能导致缺货和客户流失。应用大数据技术，可以实现库存的实时监控和动态优化，并及时调整采购和补货策略，从而降低库存成本，提高资金利用效率。

（二）大数据技术在电子商务供应链库存管理中的应用

在电子商务供应链库存管理中，大数据技术扮演着重要的角色。大数据技术的引入为电子商务供应链库存管理提供了新的思路和方法。通过对数据的采集、分析和挖掘，企业可以实现对库存管理的精细化、智能化和实时化控制。主要体现在以下四个方面。

1.实现对供应链库存目标的精确制定和优化

通过对各种电子商务供应链数据的分析，如订单数据、销售数据、库存数据等，企业可以准确判断不同产品的需求量、销售趋势及库存水平，从而制定合适的库存目标。例如，可以根据销售数据和市场预测，预测不同产品的销量，并据此合理安排库存储备，避免过剩或短缺现象的发生。

2.帮助电子商务供应链实现库存管理的精细化

通过对大数据多维度的分析，企业可以深入了解产品的销售情况、市场需求、客户反馈等，从而精确判断不同产品的库存需求和库存流动情况。例如，通过数据分析发现某个产品在特定时间段的销售量会出现波动，企业可以灵活调整库存容量和周转率，确保库存处于适当的状态，既可满足市场需求，又避免过多占用资金。

3.实现对库存管理的实时监控

通过对各个环节数据的采集和分析，企业可以及时了解库存的变化情况，对库存进行动态可视化展示和监控。例如，可以通过大数据分析系统，在实时监测库存水平的基础上，智能预警库存过高或过低的情况，并及时采取相应的调整措施，确保库存保持在合理的范围之内。

4.为电子商务供应链库存管理提供决策支持

通过对大数据的分析与挖掘，企业可以找出库存管理中存在的问题和风险，并制定出相应的库存策略和应对措施。例如,在库存运营中,大数据技术的应用可以帮助企业识别潜在的库存风险,如超过保质期的商品、滞销品等,并据此及时做出决策,如降低售价、清理库存等。

二、基于大数据技术的电子商务供应链库存管理的目标

(一)降低库存成本

降低库存成本是电子商务供应链库存管理的一个重要目标。库存成本包括采购成本、持有成本和品质成本等多个方面。为了降低库存成本,需要采取一系列的措施和策略。

通过精确的需求预测和订单管理,企业可以避免库存积压和过量采购问题。准确预测需求可以帮助企业避免囤积过多的产品,在销售旺季采购适量的库存,在销售淡季降低采购量。合理的订单管理也可以减少不必要的订货和库存。

采取供应链协同和合作策略也有助于降低库存成本。通过与供应商和分销商之间的紧密合作,企业可以减少库存积压和库存过程中的物流延迟。通过共享信息和实时的数据沟通,企业可以更好地调整供应链中的库存和产能,以提供更快速、更准确的响应。

为了降低库存成本,可以利用大数据技术来优化库存管理。通过对历史销售数据、供应链数据和市场数据的深度分析,企业可以更好地预测和优化库存。例如,利用数据挖掘技术来发现销售季节性和趋势性的规律,从而更准确地预测需求,并据此调整库存策略和采购计划。

为了降低库存成本,还可以利用先进的仓储技术和自动化设备来提高库存管理的效率和准确性。例如,引入自动化仓储系统、物联网技术和智能供应链技术,可以实现对库存的实时监控和管理,减少人为误差,提高库存周转率,并降低库存持有成本。

(二)提高库存周转率

库存规模是指所需的库存数量,它应该根据市场需求、商品生命周期、供应商的响应能力等因素进行调整。合理的库存规模管理可以避免废料和库存过剩的情况产生,从而提高库存周转率。

为了提高电子商务供应链的库存周转率，可以通过优化供应链流程来改善库存的周转速度。完善供应链的协调和协作机制，提高信息共享和沟通效率，可以减少订单处理和交货时间，从而缩短库存滞留期，并提高库存周转率。此外，采用供应链管理软件和技术工具，可以实时监控库存变动，及时调整供应链流程，从而提高库存周转率。

为了提高电子商务供应链的库存周转率，可以通过有效的需求预测和计划来准确预测市场需求和客户需求，避免库存积压和缺货的情况发生。因此，建立有效的需求预测模型、关注市场动态、定期与供应商进行沟通合作，都是提高库存周转率的重要手段。

定期进行库存盘点和分析也是提高库存周转率的关键。对库存的实际情况进行盘点，可以从中发现库存的异常和问题，并及时采取相应的措施来解决。同时，企业通过对库存数据的分析可以评估库存周转率的现状和发展趋势，进一步优化库存管理策略，实现库存周转率的持续提升。

(三)保证供应链顺畅运作

在电子商务中，保证供应链顺畅运作是一项至关重要的目标。只有供应链各环节无缝衔接，信息畅通无阻、有效的沟通与协作才能实现，企业才能保持高效的运营和顺畅的物流流程。

为了达成这一目标，需要在电子商务供应链中建立供应链合作伙伴之间的支持与信任关系，加强合作伙伴之间的沟通与协作。只有建立共同的目标与利益，确保供应链各参与方能够互相支持与信任，才能共同实现供应链的顺畅运作。

为了达成这一目标，需要在电子商务供应链中建立高效的信息共享与流通机制。在电子商务供应链中，信息的及时共享与准确流通至关重要。建立信息化系统，确保供应链各参与方能够及时地获取到所需的信息，提高信息传递的效率。通过信息共享，供应链各环节能够更好地预测需求与调整生产计划，实现供需匹配，避免库存过剩或者缺货的情况出现，实现供应链的顺畅运作。

为了达成这一目标，需要加强对电子商务供应链的监控与管理。首先，建立有效的监控系统，实时监测供应链各环节的运作情况，及时发现并处理可能存在的问题。其次，制定合理的库存控制策略、优化供应链流程等，避免库存积压，提高库存周转率，保证供应链顺畅运作。

在保证供应链顺畅运作的过程中，还应注重持续改进与创新。通过不断优化供应链流程、引入新的技术与方法，推动供应链的升级与发展，提高供应链的灵活性与适应性。只有持续改进与创新，供应链才能适应不断变化的市场需求，实现持续稳定的发展。

三、基于大数据技术的电子商务供应链库存管理的内容

（一）库存分类管理

库存分类管理作为电子商务供应链库存管理的重要组成部分，旨在对不同类型的库存进行明确的分类和管理，以提高库存管理的效率和精确度。在库存分类管理中，通常会根据不同的特征和属性对库存进行划分，如产品属性、需求等级、销售渠道等。

1.产品属性

根据产品的特征和属性，将库存进行分类，如按照产品种类、规格、型号等进行划分。通过这种方式，可以更加清晰地了解不同类型产品的库存情况，准确掌握各类产品的库存变化趋势，为供应链管理提供重要指导。

2.需求等级

将库存按照高、中、低等需求等级进行分类，可以更加精准地对库存进行管理和优化。高需求等级的库存可以加强监控和及时补货，以满足市场需求。中、低需求等级的库存则可以通过调整管控策略，减少库存占用和降低存货风险。

3.销售渠道

对于跨渠道销售的电子商务企业来说，不同销售渠道的库存情况往往不同，因此需要针对不同渠道进行库存分类管理。对各个渠道的库存情况进行实时监控和分析，可以更好地进行库存调配和资源优化，提高供应链的运作效率和灵活性。

（二）库存预测

库存预测是通过对市场需求和销售趋势的分析，预测未来一定时间范围内的产品需求量，并据此进行合理的库存规划和控制。库存预测主要应用于供应链各个环节，包括供应商的供应计划、生产计划、配送计划等，在保证客户满意度的前

提下降低库存水平，提高供应链运作效率。

在库存预测中，最常用的方法是基于历史数据进行预测，主要包括时间序列分析、回归分析和复合模型等。时间序列分析是指根据一定时间间隔的历史销售数据，通过建立数学模型来预测未来一段时间的产品需求量。这种方法常用于对稳定、周期性销售的产品进行预测。回归分析是指在考虑各种因素的影响下，建立销售量与相关变量之间的关系模型，以预测未来销售量。复合模型则是指将多种预测方法进行组合，综合考虑各种因素，以提高预测的准确性。

除了基于历史数据的预测方法，还可以通过市场调研、专家意见和供应链信息共享等手段，获取更多的信息，加强对未来需求的预测。市场调研可以通过问卷调查、采访客户等方式了解市场需求的变化趋势，从而提高库存预测的准确性。在专家意见方面，可以依靠供应链管理人员和业内专家的经验和见解，对未来需求进行分析和判断。供应链信息共享是指通过与供应商、批发商和零售商等各个环节的信息共享，共同分析市场趋势和销售数据，以便更准确地预测库存需求。

库存预测不是一个单独的工作环节，它与供应链管理的其他环节密切相关。库存预测的准确性直接影响着供应链的运作效率和客户满意度。合理准确的库存预测可以帮助企业避免库存过剩或库存不足的情况发生，同时减少库存成本和资金占用，并提高交付能力和客户服务质量。

（三）库存控制

库存控制的主要目的是确保企业的库存水平能够在满足市场需求的同时，最大限度地节约成本。下面从订单控制、库存审计和缺货管理三个方面介绍库存控制的具体策略和方法。

1. 订单控制

在电子商务供应链中，订单控制是库存控制的关键环节。合理控制订单的数量和频率能够帮助企业避免过多的库存积压或者缺货问题。为了实现订单控制的有效管理，企业可以采用基于需求预测的订货模型，通过对历史销售数据和市场趋势的分析，精准预测未来需求，并根据预测结果及时调整订单的数量和时间。此外，还可以采用产能规划和供应链协同的方式，提高订单响应速度和准确度。

2. 库存审计

库存审计的主要目的是确保库存数据的准确性和完整性，以便有效地进行库存调整和优化。在电子商务供应链中，库存审计可以通过物流信息系统的支持实现。企业借助现代化的物流信息系统，可以实时跟踪和监控库存流动，及时更新库存数据，并与供应商、分销商等协同进行库存调整和优化，以确保库存水平的合理和稳定。

3. 缺货管理

在电子商务供应链中，缺货问题会严重影响企业的声誉和业务发展。因此，缺货管理是库存控制的一个重要环节。为了改善缺货问题，企业可以采取一系列措施，如建立紧急补货机制、设立缺货预警指标、加强与供应商和分销商的合作等。此外，企业还可以优化供应链网络，缩短供应链运输时间，提高供应链的敏捷性和反应速度，以降低缺货风险和程度。

（四）库存成本分析

库存成本直接影响着企业的盈利能力和运营效率。在进行库存成本分析时，需要考虑以下几个方面的成本，为企业提供正确的决策依据。

1. 采购成本

采购成本是指从供应商处进货所需付出的成本。它包括商品的购买价格、与采购相关的费用，如运输费用、关税等。通过分析库存成本，企业可以评估采购成本在库存总成本中所占的比例，从而制定更具竞争力的采购策略。

2. 仓储成本

仓储成本包括仓库租金、人工工资、设备维护等方面的费用。通过分析库存成本，企业可以识别出仓储成本的主要来源，进而采取相应的措施来降低成本。例如，优化仓库布局、提升仓储设备的利用率，可以有效降低仓储成本。

3. 持有成本

持有成本是指由于库存而产生的资金占用成本。它包括资金利息、保险费用、仓储期间的损耗和过期等。通过分析库存成本，企业可以评估持有成本在整个库存管理中的占比，从而制定合理的库存控制策略和补货策略，以降低持有成本。

4.品牌声誉成本

在电子商务供应链库存管理中，不良的库存管理可能会导致商品过期、损坏等，对企业的品牌声誉造成负面影响。通过分析库存成本，企业可以识别出品牌声誉成本的可能来源，进而制定相应的控制策略，确保库存管理的守恒性，减少不良库存问题，从而保护企业的品牌声誉。

四、基于大数据技术的电子商务供应链库存管理的策略

（一）定量策略

在电子商务供应链中，采用定量策略是一种常见的库存管理方法。该策略基于商品销售的历史数据和供应链的需求预测，通过设定固定的库存水平来管理库存。

定量策略要求以一个预定的库存水平来控制库存量。库存水平可以根据企业的需求而设定，也可以根据市场需求和销售预测而确定。通过设定库存水平，企业能够在不断变化的市场中更好地控制库存量，避免库存过高或过低的情况发生。

定量策略要求根据商品的销售历史数据和供应链的需求预测来确定合理的库存水平。通过分析过去的销售数据和市场趋势，企业可以预测未来的需求，并据此设定库存水平。这样，企业就能够根据需求量的变化来灵活地调整库存量，以避免库存过剩或供应链中断的情况发生。

定量策略要求结合供应链的特点来制订库存管理计划。不同的供应链具有不同的特点，如某些产品具有季节性需求，而另一些产品则具有稳定的市场需求。根据供应链的特点，企业需要灵活地设定库存水平，并根据需求的变化来调整库存量。

定量策略在库存管理中的实施还需要考虑供应链其他环节的影响。供应链中的产品流动涉及多个环节，包括采购、生产、运输等。定量策略的实施需要与这些环节协调，确保库存量满足供应链的需求，并且不会因为某一环节的问题而导致库存风险。

（二）定时策略

定时策略是电子商务供应链库存管理中一种常用的策略。它的核心思想是

根据需求预测和销售趋势，确定合理的补货时间点，以达到库存管理的最佳效果。

在定时策略中，关键的因素是库存补充的时机。为了准确地确定补货时间点，需要进行大量的数据分析和预测。基于大数据技术，企业可以通过对历史销售数据、市场需求数据等进行分析，结合各种时间序列模型和预测算法，预测未来的销售趋势。

定时策略的一个重要原则是避免库存过剩或不足。过早地进行补货可能导致库存积压，从而增加仓储成本并占用资金。而过晚地进行补货则可能导致库存不足，造成订单延迟、客户流失等后果。因此，在确定补货时间点时，需要综合考虑诸多因素，如市场的波动性、供应链的可靠性、产品生命周期等，以确定一个合适的补货周期。

除了准确地确定补货时间点，定时策略的实施还需考虑供应链的协同配合。在库存管理中，供应链各环节之间的协同非常重要。通过与供应商、运输商、销售渠道等合作伙伴的紧密配合，企业可以实现最佳的库存管理。例如，与供应商建立有效的信息共享机制，及时获取供应商的生产计划和库存状况，以便合理制订补货计划；与运输商建立紧密的协调关系，减少运输时间和成本，提高库存周转率。

在实施定时策略时，还应考虑商品的生命周期。在不同阶段，商品的销售特点和市场需求会发生变化。因此，在确定补货时间点时，需要结合商品的生命周期阶段来调整补货策略。例如，在新品上市时，可适当提前进行补货以满足市场需求；而在产品末期，应逐渐减少补货次数，以避免库存过量。

（三）混合策略

混合策略结合了定量策略和定时策略的优点，旨在最大限度地提高库存管理的效果和效率。

混合策略在库存管理中重视定量控制。通过对产品需求、销售数据的分析和预测，企业可以得出一个合理的库存量，在满足市场需求的同时，避免过高或过低的库存水平。定量控制可以帮助企业合理调配库存资源，降低库存成本，并确保及时满足客户需求。

混合策略注重定时管理。电子商务供应链库存管理中的产品生命周期比传统渠道更短，因此及时调整库存是非常关键的。通过对市场动态的监测和分析，企业可以及时调整库存量，保持合理的库存水平。定时管理可以帮助企业应对市场变化，降低库存风险，并提高供应链的灵活性和响应能力。

混合策略可以结合具体的业务需求和特点，采取相应的创新措施。例如，建立快速补货机制，缩短库存周转时间，提高库存利用率。另外，还可以采用先进的信息技术和数据分析工具，提高库存管理的精细化和智能化水平。

第三节 基于大数据技术的电子商务供应链物流管理

一、大数据技术与电子商务供应链物流管理目标的关联性

（一）大数据技术与电子商务供应链物流管理的关系

在当今信息化时代，大数据技术的快速发展和广泛应用，对电子商务供应链物流管理起到了重要的推动作用。大数据技术能够收集、存储和分析海量的数据，并从中挖掘出有价值的信息和知识。电子商务供应链物流管理关注的是如何高效地协调和管理各个环节的物流活动，以降低成本、提高服务质量和满足客户需求。

1.大数据技术为电子商务供应链物流管理提供了强大的数据支持

电子商务供应链物流涉及多个环节，包括采购、仓储、配送等，每个环节都产生了大量的数据。利用大数据技术，可以实时地对这些数据进行收集和分析，帮助企业了解物流全过程中的各个细节和指标，从而优化物流运作和决策。

2.大数据技术为电子商务供应链物流管理提供了精细化的预测和规划能力

通过对历史数据和实时数据的分析，企业可以识别出物流过程中的“瓶颈”和风险点，预测出未来可能出现的问题，并提前做好准备。同时，大数据技术还可以基于用户行为和需求数据，进行精准的库存规划和需求预测，避免库存积压和缺货问题的产生，提高供应链的灵活性和反应速度。

3.大数据技术能够优化电子商务供应链物流管理的决策过程

电子商务供应链物流管理涉及各种决策，如物流路径的选择、运输方式的确定等。通过大数据技术，企业可以对历史数据和实时数据进行挖掘和分析，为决策提供科学的依据。同时，大数据技术还可以利用数据模型和算法，帮助企业优

化决策方案，提高决策的准确性和效果。

4. 大数据技术能够促进电子商务供应链物流管理的创新和升级

传统的物流管理往往只能根据有限的信息做出决策，而大数据技术能够将更多的信息纳入决策过程中。通过对多源数据的整合和分析，企业可以发现新的物流模式、服务方式和商业模式，推动电子商务供应链物流管理的创新和升级。

（二）大数据技术助力电子商务供应链物流管理目标的确定

在当今电子商务高速发展的背景下，电子商务供应链物流管理目标的确定尤为重要。大数据技术的应用为电子商务供应链物流管理带来了全新的机遇和挑战。通过有效地利用大数据技术，企业可以更加准确地确定物流管理目标，从而提高整体的供应链物流效率。

大数据技术能够帮助企业对电子商务供应链物流管理目标精准地进行分析和评估。通过对海量的数据进行提取和分析，企业可以更好地了解市场需求变化、产品销售趋势以及消费者行为，进而精确地确定物流管理目标。例如，通过分析历史数据和市场趋势，企业可以预测并及时调整物流配送的频率和路径，以确保及时交付和降低运输成本。

大数据技术可以帮助企业实现供应链物流管理目标的可量化和可视化。通过借助大数据分析工具和可视化技术，企业可以将销售数据、库存数据、运输数据等多维度的信息进行整合和展示，使管理者可以清晰地了解物流管理目标的达成情况。例如，通过建立物流绩效指标体系，企业可以根据大数据分析结果对运输效率、库存周期和客户满意度等指标进行监控和评估，从而及时调整物流管理策略，以实现目标的优化。

大数据技术还能够为企业提供实时的决策支持。通过对大数据的实时监控和分析，企业可以及时感知到供应链物流管理过程中的异常情况或潜在风险，并能够迅速做出决策和采取措施。例如，在运输过程中，企业可以通过对物流数据的实时监控来及时发现运输延误情况并调整配送计划，以确保物流服务的及时性和准确性。

（三）大数据技术对电子商务供应链物流管理目标达成的影响

在电子商务供应链物流管理中，大数据技术的应用对实现供应链物流管理目标起到了至关重要的作用。具体来说，大数据技术对电子商务供应链物流管理目标的达成产生了以下几个方面的影响。

1.大数据技术为实现电子商务供应链物流管理目标提供准确的数据支持

通过对数据的采集、分析和应用，企业可以获取全面、准确的物流数据，从而更好地了解供应链的运作情况。这对于优化物流运输安排、提高物流效率、降低物流成本具有重要意义。同时，大数据技术还能够提供实时数据，使企业能够及时监控物流过程中存在的问题，并采取相应的调整措施，以确保物流管理目标的顺利达成。

2.大数据技术的应用使供应链物流管理目标的制定更为科学和精确

通过对大数据的挖掘和分析，企业可以了解供应链中各个环节的运作情况，发现潜在的“瓶颈”和问题，从而有针对性地制定目标和策略。例如，通过分析物流数据，企业可以确定合理的库存水平和货物配送策略，以提高物流效率和满足客户需求。此外，大数据技术还能够利用数据建模和预测分析，帮助企业预测市场需求、优化供应链结构，从而更好地实现物流管理目标。

3.大数据技术提供更精确的供应链物流管理策略

通过大数据分析，企业可以获取更深入的洞察，发现供应链物流管理中的薄弱环节和潜在风险，从而制定更加有效的管理策略。例如，通过大数据分析，企业可以发现供应链中存在的信息不对称问题，进而采取相应的信息共享和协同措施，提高供应链的协调能力。此外，大数据技术还能够对供应链各个环节进行模拟和优化，以降低物流成本、提高客户满意度，实现供应链物流管理目标的持续优化和改进。

二、基于大数据技术的电子商务供应链物流管理的内容

(一)基于大数据技术的物流需求预测

在电子商务供应链物流管理中，通过准确预测物流需求，企业能够更好地规划物流资源、提前安排物流服务，从而提高供应链的效率和运作质量。

基于大数据技术的物流需求预测具有诸多优势，大数据技术使企业能够收集

并分析大量的供应链数据，包括订单信息、仓储数据、运输数据等，从而获得更加全面和准确的预测结果。通过分析历史订单数据、市场趋势以及相关环境因素，企业可以预测未来某一时间段的物流需求量，并据此合理规划物流资源。

基于大数据技术的物流需求预测，可以提供实时的预测结果。传统的物流需求预测方法通常需要较长的数据收集和分析时间，使预测结果不够及时。利用大数据技术，企业可以实时监控供应链的各种数据变化，并快速进行分析和预测。例如，当市场需求出现剧烈变化时，企业可以迅速调整物流资源配置，以满足市场需求。

基于大数据技术的物流需求预测，还可以提供更加准确的预测结果。通过大数据分析技术，企业可以识别和利用供应链中的隐藏模式和关联规律。通过对历史数据和市场趋势的深入挖掘，企业可以发现一些隐藏的需求规律，从而准确预测物流需求量和变化趋势。准确的预测结果可以帮助企业在物流资源调配、仓储管理和运输安排等方面做出更加明智的决策，从而提高物流服务的质量和效率。

（二）基于大数据技术的物流资源配置

基于大数据技术的电子商务供应链物流管理中，物流资源配置是一个至关重要的环节。充分利用大数据技术，可以实现对物流资源的有效配置与优化，从而提高物流效率和降低成本。

1.基于大数据技术的物流资源配置需要依赖于全面、准确的数据收集和分析

通过收集包括供应商、运输商、仓库等各个环节的物流数据，如运输时间、运输成本、库存水平等信息，企业可以建立一个完整的物流网络模型。利用大数据分析技术对这些数据进行综合分析，识别和分析出潜在的物流“瓶颈”点和优化空间，为后续的物流资源配置提供科学的依据。

2.基于大数据技术的物流资源配置需要考虑供应链各参与方的实际需求和利益

分析供应链各环节的需求特点和利益诉求，可以确定各个环节之间的资源分配比例。同时，可以利用大数据技术对历史物流数据进行挖掘，从中发现供应链中的关键节点和指标，并将其纳入物流资源配置的考虑范围。例如，在仓库资源配置中，可以根据不同产品的需求和销售特点，合理配置各个仓库的库存容量和位置，以最大限度地满足客户需求。

3.基于大数据技术的物流资源配置需要关注供应链物流系统的动态变化

随着电子商务的快速发展，物流需求和供应链环境会发生较大的变化。因此，在物流资源配置过程中，需要实时监测和分析物流环境的变化，并及时调整物流资源配置策略。结合实时的大数据分析结果和供应链的实际情况，企业可以做出更加准确和灵活的物流资源配置决策。

4.基于大数据技术的物流资源配置应注重优化利用现有资源并考虑可持续发展

在资源配置过程中，应充分利用大数据技术的优势，通过负载均衡、路径优化等手段，合理规划物流资源的利用率和运输效率。另外，还应注重降低对自然资源的依赖和对环境的影响，推动物流管理朝着低碳、绿色方向发展。

（三）基于大数据技术的物流服务质量控制

在电子商务供应链物流管理中，大数据技术可以帮助企业实现对物流服务质量的全面监控和优化。本节重点介绍基于大数据技术的物流服务质量控制策略。

基于大数据技术的物流服务质量控制需要对物流过程中的各个环节进行数据采集和分析。通过传感器、RFID 技术和 GPS 定位等手段，可以实时获取物流运输过程中的各项数据，如货物位置、温度、湿度、运输速度、里程等。这些数据将形成一个庞大的数据集，为后续的服务质量控制提供基础。

基于大数据技术的物流服务质量控制需要通过数据分析方法实现对物流过程的监控和评估。通过大数据分析模型，企业可以对物流过程中发生的异常事件进行实时监测和识别，如延迟、丢失、损坏等。通过对历史数据的分析，企业还可以预测潜在的物流问题，如交通拥堵、天气变化等。这样，物流相关的风险可以在发生之前被提前发现和处理，从而降低这类风险和损失。

在基于大数据技术的物流服务质量控制中，还可以通过数据分析技术对服务质量进行评估和改进。通过对各项指标的分析，可以对物流过程中存在的问题进行识别和改进。例如，在物流过程中，如果发现某些环节的效率较低或容易出现问题，可以通过优化物流路线、调整资源配置等方式来提高物流服务质量。同时，通过与供应商、物流公司等合作伙伴共享数据，还可以进一步加强物流过程中的协同管理，提高整体的服务质量和效率。

三、基于大数据技术的电子商务供应链物流管理的原则

（一）系统原则

在基于大数据技术的电子商务供应链物流管理中，系统原则确保了物流管理的高效性、一致性和精确性。

基于大数据技术的物流管理需要建立一个完善的信息系统。这个系统可以集成和处理来自各个环节的数据，包括供应商、仓库、运输和客户等的信息。通过对数据的集中管理和分析，物流管理者能够快速获得准确的信息，从而及时做出决策。

物流管理系统应该具备灵活的数据处理能力。大数据技术提供了处理海量数据的能力，但在物流管理中，数据的类型和格式可能各不相同。因此，系统应该能够灵活地适应不同的数据来源和数据格式，并能够实时处理和分析这些数据。通过实时监控和分析数据，物流管理者可以更好地预测和调整供应链各个环节，以收到良好的物流效果。

大数据技术与物流管理的系统原则还包括数据共享与协同。物流管理涉及多个利益相关方，包括供应商、仓库、物流公司和客户等。通过共享数据和进行协同操作，各个环节之间可以更好地进行沟通和协调，从而提升整个供应链的运作效率和质量。

随着大数据技术的不断发展和市场环境的变化，物流管理需要不断进行优化和改进。大数据技术能够提供物流过程的全面数据支持，通过对数据的分析和挖掘，发现潜在的问题和改进的机会。物流管理者可以利用大数据技术不断寻求改善和创新的途径，并持续推动物流管理的发展。

（二）协同原则

在电子商务供应链物流管理中，协同原则被认为是实现物流管理高效运作的关键。其主要在以下三个方面发挥作用。

1.大数据技术的应用为实现物流管理协同提供了强有力的支持

大数据技术可以快速实时地获取和分析大量的数据。这使不同环节的物流管理者可以共享实时信息并进行联系。例如，仓库管理员可以通过大数据技术了

解各个仓库的库存情况，及时调配货物并避免库存过高或过低的情况发生；物流运输人员可以通过大数据技术获取交通状况、天气情况等信息，合理安排运输路径和时间。通过共享和协同利用数据，不同环节的物流管理者可以实现信息的及时传递和协同决策，从而提高整个电子商务供应链物流的效率和准确性。

2. 大数据技术的智能分析功能为物流管理协同提供了更深层次的支持

通过利用大数据技术对大量的数据进行挖掘和分析，物流管理者可以获得更全面和准确的信息，从而更好地协同决策。以协同配送为例，通过大数据技术，运输人员可以根据订单的分布情况和交通状况，智能地安排最优的配送路线和顺序，避免出现路程过长或途中重复交通堵塞问题。大数据技术还可以分析客户需求和消费行为等信息，为供应链管理者提供重要决策参考。通过智能分析和应用大数据技术，不同环节的物流管理者可以更好地协同合作，共同应对供应链物流中的挑战和问题。

3. 大数据技术的实时性和灵活性为物流管理协同提供了有力的支持

随着电子商务的快速发展，市场的变化速度越来越快。物流管理者需要及时获取市场信息、调整运输计划并及时做出决策。大数据技术可以帮助物流管理者实时监测市场需求和产品销售情况，根据市场的实际情况调整物流策略和供应链的协同运作。例如，在电商促销活动期间，供应链各个环节需要快速响应并调整物流策略，以满足客户需求。大数据技术的实时性和灵活性使物流管理者能够及时做出决策，并快速调整物流流程，从而提高整个供应链的协同效果和灵活性。

(三)灵活性原则

灵活性是电子商务供应链物流管理中一项重要的原则。随着商业环境的不断变化和电子商务的快速发展，物流管理需要能够应对各种新的需求和挑战。大数据技术在这个过程中发挥了四个方面的重要作用。

1. 大数据技术可以帮助企业迅速掌握市场变化和客户需求的动态情况

通过对海量的数据进行分析和挖掘，企业可以及时了解市场变化趋势，预测未来的需求变动，并根据这些信息调整物流管理策略和方案。例如，某电子商务企业通过分析用户的购买行为和偏好，得知某款产品的需求量将在近期增加，因此提前调整了库存和物流计划，保证了产品的及时供应。

2.大数据技术可以实现物流管理的个性化和定制化

不同的客户有不同的需求，而且需求会随着时代和市场的变化而变化。通过大数据技术，企业可以更好地了解每个客户的需求和偏好，为其提供个性化的物流服务。例如，某电商平台通过分析用户的购买历史和浏览记录，向用户推荐符合其需求的商品，并提供快速的配送服务，提高了用户满意度和忠诚度。

3.大数据技术可以提高物流管理的反应速度和灵活性

在电子商务供应链物流管理中，及时响应市场变化和需求变动是至关重要的。大数据技术可以帮助企业快速收集、分析和处理数据，实现实时监控和调整。企业可以通过实时跟踪物流信息和分析数据，及时发现和解决问题，提高物流管理的效率和灵活度。例如，某物流企业通过大数据技术，实现对物流车辆的实时定位和运行状态监控，快速调度和安排，提高了配送的效率和准确性。

4.大数据技术可以支持企业进行供应链整合和协同

在电子商务供应链中，各个环节的协同和整合是保证物流管理灵活性的重要前提。通过大数据技术，企业可以实时获取各个环节的数据和信息，并进行分析和共享，促进供应链的协同和整合。例如，某电子商务企业通过与供应商和物流服务商共享数据和信息，实现了零售店铺库存和线上仓储库存的互补和优化，提高了供应链协同的效果。

(四)持续改进原则

在电子商务供应链物流管理中，大数据技术的应用为持续改进原则的实施提供了强有力的支持。通过对数据的分析和挖掘，企业可以不断优化物流管理的各个环节，从而提高供应链的效率和灵活性。

1.大数据技术能够支持信息流的优化

大数据技术能够实时地收集和分析来自供应链各个环节的信息，包括订单处理、配送、库存管理等。基于这些数据，企业可以及时发现问题和“瓶颈”，并采取相应的措施来解决。例如，通过大数据分析，企业可以预测某一产品的需求量，从而合理安排生产和配送计划，避免库存积压或因库存不足而导致的供应中断。

2.大数据技术能够支持物流成本的优化

通过对物流过程中的数据进行分析，企业可以识别出潜在的成本节约的机会，并采取相应的措施节约成本。例如，在仓储环节，大数据技术能够帮助企业优化存储设施的布局和货物的摆放方式，提高存储空间的利用率和出入库效率，从而降低物流成本。

3.大数据技术能够支持物流服务水平的提升

通过对客户反馈、市场趋势和竞争对手的分析，企业可以了解客户的需求和偏好，并根据这些信息来优化物流服务。例如，通过大数据分析技术，企业可以预测客户对物流速度和准确性的要求，从而合理安排配送路线和提前做好货物跟踪，确保及时、准确地将产品送达客户手中。

4.大数据技术能够支持供应链风险管理的持续改进

通过分析大数据，企业可以识别潜在的供应链风险，并及时采取措施来应对。例如，大数据分析可以帮助企业预测交通拥堵、天气变化等因素对物流运输的影响，以便企业提前做好调整和应对策略，减少风险带来的损失。

四、基于大数据技术的电子商务供应链物流管理的策略

(一)基于大数据技术的电子商务供应链物流管理的战略策略

基于大数据技术的电子商务供应链物流管理作为当今企业在电子商务环境下提高物流效率的关键因素之一，需要有明确的战略、策略来应对日益复杂和多变的市场环境。

为了实现电子商务供应链物流管理目标，企业需要建立一个全面的数据采集和分析系统。通过收集供应链环节中涉及的各种数据，如订单数据、库存数据、运输数据等，企业能够获得产品流动、需求量变化和资源利用率等方面的重要信息。这些信息将成为制定战略策略的基础，可以帮助企业更好地应对供应链环节中的挑战和变化。

基于大数据技术的电子商务供应链物流管理需要关注物流管理的内容。企业应该将重点放在物流网络设计、仓储管理、运输管理和供应链协调等方面。通

过大数据分析技术，企业可以识别并优化物流节点，提高仓储和运输效率，同时提升供应链各节点之间的协调和协作能力。

在制定战略策略的过程中，企业还需遵循一定的原则。首先，企业应确保物流管理战略与整体业务战略的一致性，即物流管理战略应与企业的目标和愿景相一致，确保物流管理的核心价值与企业的长期发展目标相契合。其次，企业需要灵活运用大数据分析结果来调整和改进战略策略。大数据分析结果应该是动态的，随市场和供应链环境的变化而变化，以保持企业的竞争优势。

基于大数据技术的电子商务供应链物流管理的战略策略还应注重风险控制。企业应该通过大数据分析技术来识别并管理可能存在的风险，如供应链中断、库存过剩和物流成本上升等。通过及时识别和控制风险，企业能够快速应对潜在问题，降低供应链风险，并确保物流管理的稳定性和可持续性。

（二）基于大数据技术的电子商务供应链物流管理的运营策略

在基于大数据技术的电子商务供应链物流管理中，制定合理的运营策略，可以实现供应链物流的高效运作、提高运输效率、降低成本、提升客户满意度等目标。

1.优化运输安排

大数据技术可以帮助企业对供应链物流进行全面的数据分析，以确定最佳的运输路径、运输方式和运输工具。通过分析历史数据和实时数据，企业可以根据不同地区、不同产品的特点，进行合理的运输规划和优化。例如，短途运输可以选择快速配送，而长途运输可以选择海运或铁路运输，从而降低运输成本，提高运输效率。

2.加强仓储管理

大数据技术可以帮助企业对仓储环节进行精细化管理。通过实时监控库存情况，企业可以及时调整库存量，避免库存过多或过少，从而减少库存积压和仓储成本。此外，利用大数据技术可以进行仓储设备的智能化管理，实现自动化操作和优化仓储空间利用率。例如，可以利用自动化仓储设备进行智能拣货，提高拣货效率，同时根据销售数据进行动态的库存调整，提高仓储的灵活性和适应性。

3.关注订单管理

企业通过大数据技术可以对订单数据进行分析，实现合理的订单管理。例如，可以利用大数据技术分析客户订单的特点和趋势，提前进行库存补充，保证订单及时交付。同时，还可以通过大数据技术对订单配送路径进行合理规划和优化，提高订单配送的准确性和速度。合理的订单管理可以提高供应链物流的整体效率，降低库存风险，提高客户满意度。

4.风险管理

电子商务供应链物流管理面临各种潜在的风险，如订单延迟、货物丢失、供应链中断等。企业通过大数据技术可以实现对供应链物流风险的预测和控制。例如，可以对历史数据进行分析，识别出潜在的风险点，并采取相应的风险控制策略，如备货、备用物流通路等。同时，还可以利用大数据技术对供应链物流进行实时监控，及时发现并处理潜在的风险事件，从而确保供应链稳定运行。

（三）基于大数据技术的电子商务供应链物流管理的风险控制策略

在电子商务供应链物流管理中，通过充分利用大数据分析和挖掘技术，企业可以准确识别和评估可能存在的风险，并采取相应的措施加以控制和应对。

企业可以通过大数据分析技术来预测和识别供应链物流中存在的风险。采集和分析供应链相关的数据，如供应商的交付能力、运输环节的时效性等，可以帮助企业发现潜在的供应链风险，如延误、缺货等。基于这些数据的分析结果，企业可以制定相应的预警机制，并及时采取措施避免或降低风险。

企业可以利用大数据技术来实现对风险的监控。通过实时监测和分析供应链物流过程中的数据，企业可以追踪货物的流动情况，识别风险的出现，并及时采取应对措施，如调整运输路径、更换供应商等，以确保物流顺利进行并减小风险所带来的影响。

基于大数据技术的电子商务供应链物流管理还可以通过合理的资源配置来降低风险。通过分析大数据，企业可以了解到不同供应链环节的资源使用情况，如人力、物力、资金等，以及资源供需的情况。基于这些分析结果，企业可以进行资源优化和合理配置，避免出现资源短缺或浪费，从而降低风险。

建立基于大数据技术的风险预测和分析模型也是降低风险的重要手段。通过对历史数据的分析，企业可以发现供应链物流的规律和趋势，建立相应的预测模型。基于这些模型,企业可以进行风险评估和预测,及时制定相应的应对策略。例如,在预测到某个供应环节可能出现延误的情况下,企业可以提前寻找备用供应商,以避免可能出现的风险。

第四节 基于大数据技术的电子商务供应链信息管理

一、基于大数据技术的电子商务供应链信息管理的目标

(一)提高供应链效率

电子商务供应链信息管理的目标之一是实现供应链的高效运作。这意味着在供应链的各个环节,信息能够流畅地传递和共享,供应链各方能够准确、及时地获取所需的信息。通过信息管理,企业能够更好地掌握供应链各个环节的情况,及时进行调整和优化,提高整体的运作效率。

电子商务供应链信息管理的内容涉及三个方面:第一,信息采集和整理。采集各个环节的关键数据,对其进行整理和分类,形成完整的供应链信息库。第二,信息分析和应用。对采集到的数据进行分析和挖掘,提取有价值的信息,为决策提供支持。第三,信息共享和协同。建立良好的合作关系,实现供应链各方之间的信息共享和协同合作。

电子商务供应链信息管理需要遵循一些原则。首先是信息准确性原则,即确保信息的准确性和可靠性。只有准确的信息才能够为决策和运营提供有效的支持。其次是信息实时性原则,即信息应该能够及时获取和传递,以便及时做出反应和调整。最后是信息安全性原则,即保护好供应链信息的安全,防止信息泄露和不当使用。

为了提高供应链效率,电子商务供应链信息管理需要采取一些策略。首先是建立信息平台,搭建良好的信息流通和共享平台,为供应链各方提供便利和支持。其次是引入大数据技术,通过对海量数据的分析和应用,发现潜在的关联和规律,为决策提供依据和参考。最后是加强供应链各环节的信息集成和协同,通过信息共享和协同合作,实现供应链的高效运作。

(二)提高决策准确率

在电子商务供应链中,决策的准确性对于企业的发展至关重要。应用大数据

技术进行供应链信息管理，可以有效地提高决策的准确率。下面从两个方面来介绍如何实现这一目标。

1.基于大数据技术的供应链信息管理可以提供准确的数据支持

传统的供应链管理往往依靠人工统计和分析，其准确性容易受到人为因素的影响。而应用大数据技术，可以从庞大的数据中提取出有效的信息，进行全面而准确的分析。例如，通过对供应链各环节的数据进行采集和分析，可以准确地了解产品的库存情况、销售情况和供应商的交货能力等，从而为决策提供更有实际依据的数据支持。

2.基于大数据技术的供应链信息管理可以提供精确的预测

利用大数据技术，可以对供应链各个环节进行数据建模和预测。建立模型并输入关键数据，可以预测供应链中可能出现的问题和风险。例如，可以通过模型预测产品需求的变化趋势，提前调整生产计划，避免库存过剩或缺货情况的发生；可以预测供应商的交货能力，及时调整供应链中的合作伙伴，确保供应链稳定和正常运营。

（三）实现供应链透明化

供应链透明化使得信息在各个环节间流动畅通，各参与方能够共享所需的信息，从而提高整体的运作效率。供应链透明化主要包括以下几个方面的内容。

1.建立全球范围内的供应链信息共享平台

通过数字化技术和大数据分析技术，企业可以实时采集和处理供应链中的各种信息，包括供应商的生产状况、运输物流的状态、库存的情况等，然后将这些信息集中存储在一个全球范围内的供应链信息共享平台上。各参与方可以通过该平台进行数据查询和共享，实现供应链信息的全面透明。

2.加强供应链伙伴之间的沟通与协作

透明化的供应链需要各参与方之间进行高效的合作与协调。通过建立信息交流渠道和沟通机制，供应商、生产商、分销商等各环节的参与方可以及时分享信息、沟通需求、解决问题，从而实现供应链的高效运作。这样的沟通与协作不局限于内部环节，而是要求与外部合作伙伴建立稳定的关系，以共同推动供应链的透明化和优化。

3. 采用先进的大数据分析技术对供应链进行监控和预测

借助大数据技术，企业可以对供应链中的各种信息进行实时的监控和分析，从而掌握供应链的运行状况和趋势。通过对供应链数据的挖掘和分析，企业可以发现“瓶颈”问题、预测潜在风险，并及时采取措施进行调整和优化。这种基于大数据技术的供应链监控和预测能力，有助于企业提前应对问题和优化供应链运作，进一步增强供应链的透明化程度。

4. 建立供应链安全和合规机制

供应链透明化不仅是信息的共享和流通，还要考虑到信息的安全和合规性。为了保护供应链安全，需要建立相应的安全机制，如数据加密、访问权限管理、风险评估等。同时，为了确保供应链的合规性，需要遵守相关法规和标准，以及建立相应的监管和审计机制。这样的安全和合规机制，可以保证供应链信息的真实性、完整性和保密性，进一步提升供应链的透明化水平。

二、基于大数据技术的电子商务供应链信息管理的内容

(一)供应链各环节信息采集

在电子商务供应链中，信息采集是实现信息管理的基础和前提。供应链各个环节涉及众多的数据和信息，如物流、库存、采购、销售等。因此，供应链各环节信息采集的准确性、及时性和全面性对于电子商务企业具有重要意义。

信息采集的首要任务是确定采集的数据类型和范围。这需要根据企业的具体情况以及供应链的特点来进行分析和确定。例如，在物流环节，可以采集货物运输的时间、地点、运费等数据；在采购环节，可以采集供应商的信息、采购数量、采购价格等数据。对不同环节的数据进行采集，可以获取到供应链中的各项信息，为后续的信息整合与处理提供基础。

信息采集可以通过多种方式进行，包括手动录入、自动化采集和供应商接口等。手动录入是最传统和常见的方式，但存在数据录入错误的风险，并且工作效率较低。自动化采集是利用专门的软件或系统进行数据采集，可以提高信息采集效率和准确性。供应商接口是指与供应链上的各个环节进行对接，直接获取其系

统中的数据。这种方式可以实现数据的实时采集和共享，为供应链信息管理提供更便捷的手段。

信息采集的准确性、及时性和全面性是保证信息质量的关键。在信息采集过程中，应该注意数据的准确性，避免录入错误和数据漏填等情况的发生。同时，及时性也是信息采集的重要要求，尤其是对于需要实时监控和掌握供应链动态的信息。全面性指的是采集到的数据要覆盖供应链各个环节，以确保获得全面的信息。

（二）信息整合与处理

在电子商务供应链中，信息整合与处理是指将来自各个环节的信息进行整合，以便有效地处理和利用这些信息。信息整合与处理的目标是将分散的数据、信息和知识整合为一个统一的视图，为决策提供准确、及时的支持。为此需要做好以下三个方面的工作。

1.确保信息的准确性和完整性

供应链的各个环节涉及大量的数据和信息，包括订单信息、库存信息、物流信息等。这些信息需要在整合过程中进行验证和清洗，以排除错误和冗余信息。只有确保信息的准确性，才能为后续的分析和决策提供可靠的基础。

2.建立统一的数据模型和标准格式

在供应链中，不同的环节和参与方可能使用不同的数据格式和标准，导致信息无法相互理解和比较。因此，信息整合需要统一数据模型，定义统一的标准格式，以确保不同环节的信息可以互通有无。同时，还需要考虑信息的安全性，采取相应的措施保护供应链信息的机密性和完整性。

3.信息处理是信息整合的重要环节

采用各种数据处理技术，如数据清洗、数据转换、数据聚合、数据挖掘等，对整合后的信息进行进一步处理。这样可以从海量的数据中提取出有价值的信息和知识，并为决策提供支持。例如，可以通过数据挖掘技术发现潜在的市场趋势和消费者偏好，从而精准地制定出营销策略和供应链管理策略。

在信息整合与处理过程中，需遵循一些原则。首先，要注重信息的实时性和及时性。以大数据技术为支撑，及时地获取、整合和处理信息，以满足供应链管理的需要。其次,要确保信息的可靠性和可信度。通过验证和核对,排除不准确和不可靠的信息,以为决策提供可信的依据。最后,要注重信息的可操作性和可视化。通过数据可视化技术和信息共享平台,将信息呈现给决策者和参与者,以促进决策的理解和沟通。

(三)信息分析与挖掘

在电子商务供应链中,通过对海量数据的分析和挖掘,企业可以获取有价值的信息,并为决策提供准确的依据。本节介绍电子商务供应链信息管理中的信息分析与挖掘内容,旨在帮助企业更好地利用大数据技术进行供应链信息管理。

信息分析与挖掘的内容包括对供应链中各个环节所产生的海量数据进行整理和清洗。制定合理的数据清洗策略,保证数据的准确性和完整性,为后续的分析工作打下基础。对于清洗后的数据,可以运用各种数据挖掘技术进行数据分析和模式识别。对商品销售数据、物流数据、用户行为数据等进行分析,可以从中挖掘出一些有价值的信息,如消费者的购买偏好、仓储及物流优化方案等。

在信息分析与挖掘过程中,还需要运用一些统计分析方法和机器学习算法。对数据进行统计描述和建立相关性模型,可以对供应链各个环节进行综合分析和评估,帮助企业发现潜在的问题和机会。此外,还可以运用聚类分析、关联规则挖掘等方法,识别出具有共性的供应链特征和规律,为企业决策提供科学的依据。

信息分析与挖掘的目标是从大数据中提取出有用的、可操作性的信息,为企业决策和运营提供依据。在进行信息分析与挖掘时,需要遵循一些原则。首先,要确保数据的质量和可靠性,避免对不准确或不完整的数据进行分析和挖掘。其次,要根据具体的业务需求和问题,选择合适的分析方法和技术,确保分析结果对业务决策具有实际意义。最后,要注重数据的隐私保护和合规性,合理使用数据并保护用户的个人信息。

(四)信息反馈与利用

通过信息反馈与利用,企业可以在实时监控和分析供应链信息的基础上,做出准确的决策并采取相应的措施。

在信息反馈方面,电子商务供应链管理需要建立起高效的信息反馈系统。这一系统可以对供应链各环节进行实时的信息捕捉和传递,包括供应商的库存情况、配送情况、订单履行情况等。采用先进的物联网技术,如传感器和 RFID 技术，可以对商品的运输过程进行实时监控，并将相关数据上传到中央数据库。而供应链成员可以通过访问这一数据库，了解到相关信息，及时进行反馈和处理。

在信息利用方面，电子商务供应链管理需要借助大数据技术进行信息的整合和分析。通过收集和整合供应链各环节的海量数据，进行数据挖掘和分析，发现隐藏在数据背后的商业洞察。例如，可以通过对销售数据的分析，发现消费者的购买偏好和趋势，从而调整供应链的产品组合和定价策略。而利用供应链的历史数据，可以进行预测和计划，提前采取相应的措施，避免供应链中断和延误。

在信息反馈和利用过程中，电子商务供应链信息管理需要遵循一些原则。首先，要确保信息的准确性和及时性，避免因为信息滞后而导致决策和措施的不准确。其次，要保护信息的安全性和隐私性，采取相应的安全技术和措施，防止信息的泄露和被篡改。最后，要建立起信息共享和协同机制，促进供应链各成员之间的合作和协调，实现信息的共享和共赢。

在信息反馈和利用过程中，电子商务供应链信息管理需要制定相应的策略。一方面，需要建立起一套完善的绩效评估体系，以评估和激励供应链各成员的信息反馈和利用能力。另一方面，需要加强人才培养和技术支持，提高供应链成员的信息反馈和利用能力。

三、基于大数据技术的电子商务供应链信息管理的策略

（一）建立全面的信息采集系统

在电子商务供应链信息管理策略中，建立全面的信息采集系统是至关重要的一步。为了实现供应链的高效运作和优化决策，必须准确、及时地获取各环节的关键信息，并将其整合起来进行分析和利用。

1. 确定采集的信息范围和内容

供应链各个环节都涉及大量的信息，包括供应商的资质和能力、产品的库存和销售情况、物流的运输和配送信息等。因此，需要从订单管理系统、仓储管理系统、物流管理系统等多个系统中收集所需的信息，并确保其准确性和完整性。

2. 借助先进的技术手段

随着大数据技术的发展，各种先进的数据采集和处理工具得到了广泛应用。

例如，可以利用传感器技术和物联网技术收集商品的实时库存信息，利用 RFID 技术追踪物流的运输情况，利用数据挖掘和机器学习算法分析销售数据等。这些技术的应用可以大大提高信息采集的效率和准确性。

3. 注重隐私保护和合规性

在收集和处理信息的过程中，必须遵守相关的法律法规，保护用户和企业的隐私权。同时，还需要明确信息的使用和共享原则，确保信息安全和合规。

（二）利用大数据技术进行信息分析

在电子商务供应链信息管理策略中，利用大数据技术进行信息分析是一项重要的举措。随着互联网和电子商务的迅猛发展，供应链中产生的数据量急剧增加，这些数据包含了丰富的信息和价值，如何发挥数据的作用成为关键问题。大数据技术的引入使供应链信息管理可以全面、准确地分析和应用这些数据。

利用大数据技术进行信息分析可以将来自不同环节的数据进行整合和分析，实现全面的信息管理。对供应链中各个节点产生的数据进行收集、存储和处理，可以得到全局的信息视角。例如，对供应链中的销售数据、物流数据、库存数据等进行整合和分析，可以帮助企业掌握供应链运营的实时情况、了解销售趋势、优化仓储布局，并及时调整物流配送策略，提高供应链的运作效率和服务质量。

大数据技术可以帮助企业创新信息处理方式。传统的信息处理方式主要依赖人工统计和分析，效率较低且容易出现误差。而引入大数据技术，可以利用强大的计算能力和智能算法对海量的数据进行分析和挖掘，从中发现有价值的信息和规律。例如，通过数据挖掘技术可以识别出销售的热门产品和潜在的市场机会，从而优化定价策略，提高销售收入和利润。

大数据技术也为供应链信息管理提供了更多的分析和决策工具。利用大数据技术进行信息分析，可以帮助企业预测市场需求、优化供应链配置、改善物流运作等。通过对历史数据的挖掘和分析，企业可以发现供应链中存在的“瓶颈”和问题，并制订相应的解决方案。例如，通过对供应链数据的分析，可以发现某一环节的“瓶颈”，从而及时调整供应链资源配置，提高供应链的运作效率和响应速度。

在利用大数据技术进行信息分析的过程中，需要注意信息安全和隐私保护。随着数据的收集和应用，相关的安全风险有所增加。因此，在信息管理中应建立合适的权限控制和信息安全机制，保护企业和供应链中涉及的信息不受未经授权的访问和滥用。

(三)确立有效的信息反馈机制

信息反馈机制能够帮助企业及时了解并掌握供应链中的各项信息,从而进行准确定位和精准决策。在基于大数据技术的电子商务供应链信息管理中,建立一个高效且可靠的信息反馈机制是非常重要的。

为了确保信息反馈的准确性和及时性,需要建立一套完善的信息采集和传输系统。在供应链各环节的节点上安装传感器、监测设备,可以实时收集和监控供应链中的各项数据。利用物联网技术实现设备之间的互联互通,将采集的数据快速传输到信息处理中心。设立专门的信息采集团队或指定负责人,可以负责监控和管理信息采集系统的运行,确保数据的准确性和完整性。

创新的信息处理方式对于建立有效的信息反馈机制也具有重要意义。传统的信息处理往往是人工操作的,效率低下且容易产生误差。而随着大数据技术的发展,可以借助相关软件和算法实现自动化的信息处理。例如,构建数据挖掘模型、使用机器学习算法等,可以对海量的供应链数据进行快速分析和处理。这不仅可以提高信息处理的效率,还可以发现隐藏在数据中的潜在规律和趋势,为企业决策提供有力的支撑。

利用大数据技术进行信息分析是确立有效的信息反馈机制的重要手段之一。大数据技术的特点在于可以处理各类数据,包括结构化数据和非结构化数据。对供应链中的数据进行分析,可以获取全面、准确、实时的信息。例如,可以利用大数据技术对供应链中的库存情况、销售情况、需求等进行预测和分析,帮助企业及时调整供应链的运转方式和策略。大数据技术还可以通过对供应链中不同环节数据的关联分析,发现不同环节之间的关系以及可能存在的风险和问题,进一步优化整个供应链流程。

建立一个有效的信息反馈机制需要确保信息的正确传达和及时反馈。为此,需要设立专门的信息反馈渠道和沟通平台。可以通过电子邮件、即时通信工具、会议等形式,及时将相关信息反馈给供应链的各个参与方。此外,建立一个员工意见和建议的反馈机制,能够让员工积极参与和贡献自己的想法和经验,从而不断完善和改进供应链信息管理策略。

第五节 基于大数据技术的电子商务供应链质量管理

一、基于大数据技术的电子商务供应链质量管理的目标

(一)提高供应链效率

在基于大数据技术的电子商务供应链质量管理中，提高供应链效率是一个重要的目标。供应链效率的提高可以带来多方面的好处，包括降低成本、缩短交付周期、增强响应能力等。为了实现这一目标，可以采取以下策略和措施。

1.建立合理的供应链网络结构

合理的供应链网络结构能够优化物流流程，降低物流成本，提高整体效率。在建立供应链网络结构时，需要考虑到不同地区的物流和交通条件以及多种运输方式的利弊，从而确定最佳的物流路径和节点。

2.利用大数据技术进行实时的供需匹配和资源调配

大数据技术的应用可以实现供需信息的快速获取和分析以及资源的动态调配。实时的供需匹配和资源调配，可以减少库存积压和资源浪费，提高供应链的灵活性和效率。

3.加强供应链各环节的协同管理

供应链管理涉及多个环节，包括供应商管理、生产管理、库存管理、物流管理等，加强这些环节的协同管理，可以提高整体供应链的效率和质量。例如，在供应商管理中，可以建立供应商评估体系，对供应商的供货能力、服务质量等进行评估和监控，从而保证供应链的稳定性和可靠性。

4.运用先进的技术手段进行实时监控和预测

使用先进的技术手段，如物联网、人工智能等，可以实时监控供应链各环节的运行状态，并进行预测和预警。通过及时监控和预测，企业可以及时发现和解决潜在的问题，避免供应链中断或延误，保证供应链的稳定和高效。

5.建立有效的绩效评估体系

建立有效的绩效评估体系可以对供应链的效率和质量进行监控和评估。通过对供应链各环节进行绩效评估,企业可以及时发现其中存在的问题,找出改进的空间,并借助相关数据和指标来提高供应链的效率。

(二)优化库存管理

随着电子商务的迅速发展,供应链库存管理成为一个重要的环节。通过大数据技术,电子商务企业可以实现对库存的全面监控和精准管理,从而实现库存管理的优化。

1.利用大数据技术,企业可以实时掌握库存的情况

通过整合各个环节的数据,包括销售、采购、仓储等方面的数据,企业可以清晰地了解每个产品的库存量、库存周转率以及库龄等相关指标。这些指标对于库存管理非常关键,可以帮助企业做出科学的库存规划和制定合理的补货策略,从而减少库存积压和亏损。

2.利用大数据技术,企业可以实现库存预测和需求预测

通过分析历史销售数据和市场趋势,企业能够准确预测产品的需求量,进而确定合理的库存水平。此外,大数据技术还可以帮助企业进行供需匹配,及时调整库存结构,避免滞销产品过多和库存断货的情况发生。通过精确的库存预测和需求预测,企业能够最大限度地降低库存成本,并提高供应链的灵活性和响应能力。

3.利用大数据技术,企业可以实现库存的可视化管理

通过建立仓库和库存信息管理系统,将库存数据与地理位置信息相结合,企业可以实时监控库存状况,并及时调整仓库布局和货物存放位置。同时,通过可视化管理,企业能够实现对库存的精细化控制,及时发现问题并采取措施,提高库存的周转率和减小误差。

(三)提升客户满意度

客户满意度作为一个关键指标,直接影响着企业的市场竞争力和持续发展。

通过实施基于大数据技术的供应链质量管理策略，企业可以更好地了解客户需求，为客户提供个性化的产品和服务，从而实现客户满意度的提升。

基于大数据技术的供应链质量管理可以通过深入挖掘和分析海量的数据，对客户的购买偏好和需求进行准确预测。通过使用数据挖掘算法和机器学习技术，企业能够更好地了解客户的喜好、行为习惯以及其对产品和服务的评价。基于这些数据分析结果，企业可以优化产品设计、调整销售策略，提供更加符合客户需求的产品和服务，从而提升客户满意度和忠诚度。

基于大数据技术的供应链质量管理可以实现客户关系管理的精细化。通过建立客户数据库，将客户信息和购买历史记录等数据进行整合和分析，企业可以对客户进行细分，制定有针对性的营销策略。例如，对于高价值客户，可以提供个性化的折扣、礼品或特殊关怀服务；对于潜在客户，可以通过精准的广告投放和推荐系统引导其进行购买。这些个性化的服务和推荐能够提升客户满意度，提高客户转化率和消费额。

基于大数据技术的供应链质量管理可以通过实时监测和反馈机制不断改进产品和服务的质量。通过采集和分析客户的反馈数据，企业可以及时发现和解决潜在的问题和缺陷。通过在供应链各个环节引入传感器和监测设备，企业可以实时监测产品的质量和供应链的运作情况。一旦发生问题，企业可以立即采取措施进行纠正和改善，确保客户满意度不受影响。

二、基于大数据技术的电子商务供应链质量管理的内容

（一）产品质量管理

产品质量管理旨在通过组织、协调和监控各个环节，确保产品达到既定的质量标准。

产品质量管理包括供应商选择和评估的过程。供应商选择需要考虑多个因素，如供应商的信誉、能力和性价比。通过建立供应商评估体系，并根据各项指标对供应商进行评估，企业能够选择到具备良好质量管理意识和实践的供应商，从而为产品质量提供保障。

产品设计和开发阶段是产品质量管理的关键环节。在电子商务供应链中，产品设计需要与供应链其他环节进行紧密协调，以确保产品质量要求得到满足。企业可以借助大数据技术，分析市场需求和客户反馈，从而进行精准的产品设计和

定位。通过加强与供应商和生产团队的合作,建立开发流程和控制标准,企业可以有效管理产品开发过程中的质量风险,提升产品质量。

产品质量管理还涉及产品制造、加工和装配等环节。电子商务供应链产品质量管理需要关注与供应商的协同,确保原材料的质量符合要求,避免在制造过程中产生质量问题。企业应该建立完善的质量管理体系,并监控生产过程中的每个环节,以确保产品质量的稳定性和一致性。

产品质量管理不仅是在产品出厂前对产品质量的控制,还需要对售后服务进行有效管理。客户服务质量管理需要关注客户反馈和投诉,并快速响应和解决问题。通过建立客户服务质量管理体系,企业可以提高客户满意度,增强客户忠诚度,进而巩固企业在市场中的竞争优势。

(二)供应链流程质量管理

供应链流程质量管理须做好以下几方面工作。

1.确保供应链流程顺畅和高效

为确保供应链流程顺畅和高效,需要建立有效的信息传递和协同合作机制,以促进供应链中各环节间的紧密配合。高效的供应链流程能够确保产品及时生产和交付,提高客户满意度和市场竞争力。

2.注重对供应商的选择和评估

在电子商务供应链中,供应商扮演着关键的角色。只有找到优质可靠的供应商,并对其进行持续监管和评估,才能确保供应链流程中物料和服务的质量。因此,建立供应商评估标准和流程非常重要,可以通过定期的供应商审查和评分来持续优化供应链流程质量。

3.关注物流环节的质量

物流环节涉及产品的运输、仓储和配送等过程,对于保证产品质量和准时交付具有重要影响。在电子商务供应链中,特别需要加强对物流信息的跟踪和管理,以实现物流配送的可视化和实时性。只有确保物流环节高质量运作,才能提高供应链流程的可靠性和灵活性。

4.关注供应链合作伙伴之间的风险管理

在电子商务供应链中,各个环节都存在不同的风险,如供应商的经营风险、物流环节的交通事故风险等。因此,供应链流程质量管理需要建立风险识别和应对机制,及时发现和处理潜在的风险,以确保供应链流程稳定和可持续发展。

(三)客户服务质量管理

客户服务质量管理是电子商务供应链质量管理的重要组成部分,其目标是确保客户在购买产品或使用服务的过程中获得满意的体验。在电子商务环境下,客户服务质量管理的内容涵盖了多个方面,包括售前服务、售后服务以及客户投诉处理等。客户服务质量管理应遵循一些原则和策略,以提升客户满意度,增强企业竞争力。

在客户选购产品时,企业就应提供准确、详尽的产品信息,以满足客户的需求和期望。这包括产品的规格、特性、功能等方面的介绍,以及产品的价格、售后服务等相关信息。此外,企业还应积极与客户沟通,解答客户提出的问题并消解客户的疑虑,以帮助客户做出明智的购买决策。

一旦客户购买了产品,企业就应及时提供有效的售后服务,以解决客户在使用产品过程中遇到的问题和困扰。这包括产品的安装、维修、保养等方面的支持,以及产品的更新、升级等服务。企业应建立完善的售后服务体系,确保客户在需要帮助时能够方便地获得支持和解决方案。

在电子商务供应链中,难免会出现一些问题和纠纷,客户可能对产品或服务提出投诉。企业应建立健全的投诉处理机制,及时响应客户的投诉,并采取有效的措施解决问题,以保护客户的权益并恢复客户的满意度。同时,企业还应对客户投诉进行分析和总结,以识别潜在问题并不断改进产品和服务质量。

在进行客户服务质量管理时,企业应遵循一些原则。首先,客户至上原则是客户服务质量管理的核心原则。企业应始终将客户的需求和期望放在首位,努力提供超越客户期望的产品和服务。其次,持续改进原则是客户服务质量管理的重要原则。企业应不断改进自身的业务流程和服务标准,以逐渐提升客户服务质量,实现质量的持续提升。

为了有效实施客户服务质量管理,企业可以采取一系列策略。首先,建立完善的客户关系管理系统。通过系统化、精细化地管理客户信息,企业可以更好地了解客户需求,为客户提供个性化的服务。其次,培养专业的客户服务团队。企业应注重员工专业知识和服务技能的培养,使其具备处理客户问题和投诉的能力。最后,企业应注重对客户反馈信息的收集和分析以及对客户满意度的评估,为客户服务改进提供依据。

三、基于大数据技术的电子商务供应链质量管理的原则

（一）以客户为中心

在电子商务供应链质量管理中，以客户为中心原则的核心是将客户的需求、期望和满意度置于最高优先级。供应链的质量管理需要紧密关注客户的要求，并不断努力满足和超越这些要求。

以客户为中心意味着深入了解客户的需求。这包括了解客户对产品规格的要求、质量标准要求和交付期限要求等方面。只有与客户进行沟通和了解，企业才能准确地掌握客户的期望和需求，并据此制定适当的质量管理策略。

以客户为中心需要建立起良好的客户关系。这可以通过建立有效的沟通渠道、及时回应客户的问题和反馈，以及提供个性化的服务等方式来实现。与客户建立良好的合作关系，可以增加客户的忠诚度，并为企业带来更多的商机和业务。

以客户为中心需要以客户满意度为衡量标准。对于电子商务供应链来说，客户满意度的提高对于企业的生存和发展至关重要。企业应该建立客户满意度调查机制，收集和分析客户反馈信息，及时改进和调整自身的质量管理方式。

以客户为中心意味着关注客户体验。在电子商务供应链中，客户体验是影响客户购买决策和口碑传播的重要因素。为了提升客户体验，企业需要关注产品的交付速度、包装质量、售后服务等方面，努力为客户创造愉悦的购物体验。

（二）追求卓越

在电子商务供应链质量管理中，追求卓越意味着不断超越自我，追求最高的质量标准和最佳的业绩。为了实现卓越，企业应该采取以下策略和措施。持续改进需注意以下三个方面。

1.建立完善的质量管理体系

企业应该建立起一套科学、规范的质量管理体系，包括质量标准、质量控制手段和质量评估机制等。制定明确的目标和指标以及详细的工作流程和操作规范，可以确保供应链每个环节都达到高质量水平。

2.注重技术创新和改进

电子商务供应链质量管理涉及大量的数据和信息处理。企业应该始终关注

最新的大数据技术和商业智能工具，不断引入先进的技术和方法，提高作业效率和质量水平。企业还应该积极开展研发和创新，推动供应链管理不断优化和升级。

3. 建立良好的合作伙伴关系

在电子商务供应链中，各个环节的协同作用非常关键。企业应该积极与供应商、物流公司和客户等合作伙伴建立互信和合作的关系，共同追求卓越。加强合作伙伴间的沟通和协调，可以优化供应链中的资源配置，提高生产效率和产品质量。

4. 注重员工培训和发展，建立全员参与的质量文化

追求卓越需要全体员工的共同努力和贡献。企业应该为员工提供培训和学习机会，提高其专业技能和质量意识。同时，还要激励员工积极参与质量管理活动，营造积极向上的工作环境和文化。只有全员参与，质量管理才能得到有效执行，从而实现卓越。

(三)持续改进

电子商务供应链质量管理的目标是实现持续改进，不断提升供应链的整体质量水平。持续改进可以帮助企业在动态的市场环境中不断调整和改进其供应链质量管理策略与措施。持续改进需注意以下三个方面。

1. 持续改进要建立在数据的基础上

通过采集和分析数据，企业能够了解到供应链中存在的问题和“瓶颈”，从而有针对性地进行改进。例如，企业可以通过分析供应链中的物流数据，发现物流效率低下的环节，从而采取相应的措施，优化物流流程，提高运输效率。数据收集也可以帮助企业评估供应链管理的效果，根据实时的数据分析结果，及时调整管理策略，以保持供应链的优良运行状态。

2. 持续改进需要注重创新

在电子商务行业中，只有不断创新才能获得竞争优势。因此，企业应该鼓励员工提出创新建议，推动供应链管理创新。例如，可以引入新的技术和工具，优化供应链中的信息流和资金流，提高供应链协同效应，减少信息延迟和误差，从而提

高供应链的质量和效率。

3.持续改进需要全员参与

质量管理不应该只是管理者的事情,而是每个员工的责任。因此,企业应该建立一种全员参与的质量文化,激发员工对供应链质量的关注和积极性。通过培训和教育,向员工传递质量管理的理念和方法,激励员工参与到持续改进的过程中。员工可以通过提出问题、提供改进建议,以及参与解决质量问题,共同推动供应链质量的不断提升。

(四)建立全员参与的质量文化

在电子商务供应链质量管理中,建立全员参与的质量文化是至关重要的。全员参与意味着每个员工都应该意识到自己的重要性和责任,并积极参与到质量管理过程中。这种文化的建立需要领导者的积极引导和全体员工的共同努力。为此,必须做好以下工作。

1.建立全员参与的质量文化需要领导者发挥关键作用

领导者应该树立榜样,积极参与质量管理,并倡导员工在工作中始终保持高质量的标准。此外,领导者应该提供全面的支持和资源,鼓励员工提出改进建议,并为他们提供培训和发展机会,以不断增强他们的质量意识和能力。

2.建立全员参与的质量文化需要建立清晰的沟通渠道

员工应该被告知他们在供应链质量管理中的具体角色和责任,并明确他们对于质量目标的贡献。各个部门之间应该有开放的沟通和合作,以确保质量管理信息流动顺畅,问题能够及时得到解决,并形成集体的智慧力量。

3.建立全员参与的质量文化需要建立正向的激励机制

员工应该得到公正的激励,包括薪酬、晋升、奖励等。这样可以激励员工积极参与质量管理,提高他们的质量意识和积极性。此外,员工间互相学习和分享经验也应被鼓励和奖励,以促进全员参与的质量文化的建立。

4.建立全员参与的质量文化需要持续的监测和评估

企业应该建立质量管理指标体系,定期对员工的质量绩效进行评估,并及时反馈结果。这有助于发现问题、追踪改进的情况，并激发员工的质量意识和动力。

四、基于大数据技术的电子商务供应链质量管理的策略

（一）数据驱动的决策制定

数据驱动的决策制定可以帮助企业实现对供应链质量的全面监控和评估。通过收集、整理和分析供应链中各个环节的数据，企业可以清晰地了解到供应链中的关键节点、重要指标、潜在风险等信息。基于这些数据，企业可以制定出科学合理的决策，以优化供应链质量管理。

数据驱动的决策制定可以支持企业进行预测和预警，从而及时应对潜在的供应链质量问题。通过对历史数据的分析和建模，企业可以识别出供应链质量管理中的趋势、规律和异常情况。在此基础上，企业可以通过制定有针对性的预警机制和应对策略，迅速解决潜在问题，降低供应链运作风险。

数据驱动的决策制定可以促进企业创新和改进。通过对供应链质量数据的分析，企业可以发现存在的问题、"瓶颈"和改进的空间。基于这些发现，企业可以实施创新性的改进措施，从而提升供应链质量管理的效果和效率。例如，通过数据分析，企业可以识别出某个供应商在某个环节存在较高的质量问题，这时企业可以采取合适的措施，如调整供应商选择、加强对供应商的监督等，以改善供应链质量。

数据驱动的决策制定可以提升企业决策的效果和准确性。通过对大量数据的分析和挖掘，企业可以消除主观判断和个人经验的影响，从而做出更加客观和准确的决策。这对于电子商务供应链质量管理来说尤为重要，因为供应链涉及多个环节和参与方，往往需要综合多个因素进行决策。

（二）创新型技术的应用

创新型技术的应用可以帮助企业进行精细化的供应链管理。例如，利用物联网技术，可以实时监测商品的物流信息、库存情况等，从而提高整个供应链的可视性和可控性。同时，与供应商和物流公司等合作伙伴互通信息，可以及时发现潜在的问题，并采取相应的措施进行调整。这样，企业能够更好地应对市场需求的波动，降低库存风险和订单延误风险，提升供应链的响应速度和灵活性。

创新型技术的应用能够助力企业进行智能化的质量管理。运用人工智能和

机器学习等技术，可以对供应链各个环节进行预测和预警，帮助企业及时发现潜在的质量问题。例如，在生产环节，对生产设备数据进行分析，可以实现设备故障的预测和预防，减少因设备故障而导致的质量问题；在物流环节，对快递运输数据进行分析，可以预测货物损失和延误情况，及时采取补救措施，提高货物配送的质量。

创新型技术的应用还可以帮助企业实现供应链管理的网络化和智能化。通过建立电子商务平台和供应链数据共享平台，供应链各个环节的信息可以得到实时传递和共享，减少信息滞后和误差，提升供应链的整体效率和质量。运用大数据分析和预测模型，可以优化供应链的各个环节，实现资源的合理配置和成本控制，提高供应链的运作效率和经济效益。

（三）跨部门协同

跨部门协同是电子商务供应链质量管理中非常关键的一个策略。在传统供应链中，各个部门往往是独立运作的，缺乏有效的协同与合作。然而，在大数据技术的支持下，实现跨部门协同已成为提高供应链质量管理效果的一个重要途径。

实现跨部门协同的基础是建立数据共享平台。通过构建基于大数据技术的数据仓库，各个部门可以共享供应链中的关键数据，包括订单信息、库存情况、生产进度等。这样的共享平台不仅可以提高信息的流通速度和准确性，还可以为各个部门决策提供全面的数据支持。

跨部门协同需要建立有效的沟通机制。通过大数据技术提供的实时数据和分析结果，各个部门可以共同分析和讨论供应链中存在的问题，并及时做出相应的调整。在这个过程中，各个部门需要通过会议、沟通等多种形式展开合作，确保信息畅通和决策的一致性。

跨部门协同需要加强合作与协调。供应链的各个环节紧密相连，任一环节存在问题往往会影响到整个供应链的运作效果。因此，各个部门之间需要建立有效的合作机制，共同应对供应链中存在的问题和挑战。同时，协调不同部门之间的利益关系也很重要，通过制定明确的目标和激励机制，激发各个部门之间的合作动力。

跨部门协同还需要借助创新型技术来促进协同效果的进一步提高。例如，通过人工智能技术可以实现自动化的协同决策，大大减少人为干预和错误，提高协同决策的准确性和效率。另外，应用物联网技术也可以对供应链中各个环节进行实时监控和反馈，进一步加强跨部门协同的效果。

第四章 基于大数据技术的电子商务供应链管理优化

第一节 大数据环境下电子商务供应链的动态调整与优化

一、大数据环境下电子商务供应链动态调整的目标

(一)目标的确立

在大数据环境下,电子商务供应链的动态调整是为了更好地适应市场变化,提高供应链的效能和竞争力。因此,在开始动态调整之前,需要确立目标,以指导调整的方向和步骤。确立目标需关注以下四个方面。

1.目标的确立需要基于对市场需求的深入分析和理解

分析市场趋势、客户需求、竞争对手的动态等信息,可以确定供应链动态调整的主要目标。例如,可以将满足客户需求、提高供应链响应速度、降低成本、减少库存等作为目标,以提升电子商务供应链的综合竞争能力。

2.目标的确立需要考虑电子商务供应链的特点和优势

电子商务供应链具有信息化、网络化、数字化等特点,能够快速获取和传递大量的数据和信息。因此,可以据此确定目标,如提高供应链数据分析和决策能力、优化供应链网络结构和流程、提升供应链的灵活性和敏捷性等,充分发挥电子商务供应链的优势。

3.目标的确立需要考虑供应链动态调整的可行性和可持续性

在确定目标的同时,需要考虑资源限制、技术条件、组织能力等方面的因素。如果目标是实现供应链全面数字化转型,但组织内部尚且不具备相应的技术和管理能力,就需要逐步进行能力提升和资源配置,以确保目标的实现能力和可持续性。

4.目标的确立需要考虑不同利益相关者的期望和需求

电子商务供应链涉及供应商、制造商、分销商、物流公司、客户等多方利益相关者，他们对供应链的期望和需求可能存在差异。因此，在确立目标时，需要充分考虑各方的意见和建议，以达成利益最大化和共赢的目标。

（二）实现目标的途径

1.利用大数据技术进行信息采集和分析

大数据技术能够帮助企业收集和处理海量的供应链相关数据，包括订单数据、库存数据、运输数据等。借助大数据分析手段，企业可以对这些数据进行挖掘和分析，从而获得对供应链的全面了解和洞察。通过对供应链数据的分析，企业可以发现潜在的问题和“瓶颈”，为实现供应链的动态调整提供有力支持。

2.采用智能算法和预测模型

大数据环境下的电子商务供应链涉及庞大的系统和复杂的关系网络。为了解决这些复杂性问题，需要利用智能算法和预测模型来优化供应链的目标和运作。智能算法可以根据供应链的实时数据，自动进行决策和调整。预测模型则可以根据过去的数据和趋势来预测未来的供应链情况，为供应链调整提供指导和建议。

3.建立有效的合作和协同机制

大数据环境下的电子商务供应链中，参与者众多并且需求复杂，要实现供应链动态调整的目标，需要各个环节之间协同合作。可以建立供应链合作平台，实现供应商、分销商、物流公司等各个参与者之间的信息共享和协同决策。通过合作和协同，可以实现供应链的灵活性和响应速度的提升，为实现供应链的动态调整打下坚实的基础。

4.引入创新技术和商业模式

在大数据环境下，新兴的创新技术和商业模式不断涌现，如物联网、云计算、区块链等。这些技术和模式可以帮助企业实现供应链动态调整的目标，提升供应链的效率和可靠性。例如，物联网技术可以实现对产品的实时追踪和监控，提高供应链的可视性和监控能力；云计算技术可以实现供应链数据的存储和处理，提高供应链决策的效率和准确性；区块链技术则可以实现供应链信息的可信共享和安全传输，增强供应链的交易信任和安全性。

二、大数据环境下电子商务供应链动态调整的方法

（一）数据收集与处理方法

在大数据环境下，电子商务供应链的动态调整需要依赖于有效的数据收集与处理方法。数据收集是指通过各种手段获取与供应链调整相关的信息，包括供应商的实时库存情况、物流配送的实时状态、用户订单的实时数据等。数据处理是指将收集到的海量数据进行加工、分析和挖掘，提取出有价值的信息，为供应链的动态调整提供依据。

为了实现数据的收集与处理，需要采用多种方法。首先，可以通过物联网技术实时监测和收集各个环节的信息。例如，使用传感器收集供应商的库存信息，使用 GPS 追踪物流配送的实时位置等。其次，可以利用云计算技术对大量数据进行存储和处理，以保证数据的实时性和可靠性。最后，可以利用数据挖掘和机器学习算法对数据进行分析和挖掘，发现潜在的规律和模式。

在数据处理过程中，需要注意数据的质量和准确性。因为数据质量缺陷可能导致分析和预测结果的不准确，进而影响供应链的调整决策。为了提高数据质量，需要采取多种措施，如建立数据质量检测和清洗机制、增加数据采集的精确性和频率、加强对数据的验证和校对等。

（二）动态调整的核心算法

1.基于机器学习的预测与优化算法

基于机器学习的预测与优化算法，通过分析历史数据，建立供应链动态预测模型，并基于预测结果进行供应链的调整。例如，可以利用时间序列分析方法预测未来需求量，或者通过回归分析确定供应链中各环节的关联性，以实现供需的动态匹配。此外，还可以结合深度学习算法，对海量数据进行学习和训练，提高预测准确度和调整效果。

2.基于优化的动态调整算法

基于优化的动态调整算法通过数学建模和求解优化问题，寻找供应链的最优

调整策略。例如，可以将供应链的调整问题转化为线性规划、整数规划、动态规划等数学模型，通过求解模型的最优解，得到最优的供应链调整方案。此外，还可以采用遗传算法、粒子群算法等进化计算方法，通过不断迭代和搜索，找到最优解。

3.基于仿真的调整算法

基于仿真的调整算法通过构建供应链仿真模型，模拟不同的调整策略和场景，评估其对供应链性能的影响。例如，可以利用离散事件仿真技术，模拟供应链中各环节的运作过程，通过调整参数和策略，观察供应链的动态调整效果，从而指导实际操作。

4.基于规则和经验的调整方法

基于规则和经验的调整方法可以根据供应链管理经验和知识，制定一些常用的调整规则和策略，针对不同情况进行调整。这些规则和策略包括补货周期设定、安全库存管理、紧急订购处理等。此外，还可以利用专家系统等技术，将专家知识和经验进行整合和应用，实现供应链的智能调整。

三、大数据环境下电子商务供应链优化的目标与原则

（一）优化目标的提出

在大数据环境下，电子商务供应链的动态调整是为了实现更高效、更灵活、更快速的供应链运作。然而，要实现这一目标，首先需要明确供应链优化的目标。优化目标是在满足客户需求的前提下，通过优化供应链的各个环节来实现效益最大化。

1.降低成本

降低供应链各个环节的成本，可以提高整体供应链的效益。在大数据环境下，可以通过分析大数据来找到成本较高的环节，有针对性地进行调整和优化，从而实现成本的降低。

2.提高响应速度

在电子商务环境下，客户需求的变化非常频繁。供应链需要快速响应客户需

求的变化,以保持竞争优势。因此,优化目标是动态调整供应链的各个环节,实现更快速的响应。利用大数据分析技术,可以实时监测市场变化,及时调整供应链的配置和流程,以满足客户需求。

3. 提高服务质量

客户对商品和服务的质量有较高的要求,而供应链的各个环节都会对最终产品和服务产生影响。因此,优化目标是通过对供应链各个环节的调整和优化,提高整体服务质量。大数据分析技术可以帮助企业实时监测供应链中潜在的质量问题,并及时采取措施加以解决,从而提升服务质量。

4. 提高供应链的稳定性和可靠性

供应链在电子商务环境下面临的变化和风险较多,因此优化目标是优化供应链的各个环节,提高整体供应链的稳定性和可靠性。通过大数据分析技术,企业可以发现和预测供应链中潜在的问题和风险,并采取相应措施加以应对,以确保供应链正常运作。

(二)优化原则的制定

1. 信息共享和合作

在大数据环境下,电子商务供应链中存在大量的信息流动和交换。各个参与方应该建立起信息共享机制,并且加强合作,以便更好地理解和应对供应链中的各个环节。通过共享信息,不同参与方可以更准确地了解市场需求、产品变化,以及供应链中潜在的问题和风险。这样,他们能够更好地进行调整和优化,提高供应链的响应能力和灵活性。

2. 适应性和灵活性

在大数据环境下,电子商务供应链往往面临变化频繁、不确定性较大的情况。因此,供应链的调整和优化必须具备适应性和灵活性。这意味着供应链应该能够快速地应对市场变化和需求变化,及时调整生产计划、库存管理和物流配送等环节。供应链中的各个参与方也应该具备灵活的业务流程和组织架构,以适应市场的快速变化。

3.持续创新和技术引领

在大数据环境下，技术的发展和创新正在深刻地改变电子商务供应链的运作方式。供应链参与方应该积极地采纳和应用最新的技术和工具，包括物联网、人工智能、大数据分析等，以提升供应链的效率和质量。通过持续的创新和技术引领，企业能够不断地提高供应链的竞争力和适应能力。

4.绩效评价和持续改进

供应链的优化是一个持续的过程，需要不断地进行绩效评价和改进。建立科学和有效的绩效评价体系，可以及时了解供应链的运作状况，分析问题产生的原因及根源，提出改进措施并追踪效果。持续改进是供应链优化的关键要素，通过不断的改进和创新，企业能够实现供应链的持续优化，不断提高供应链的绩效和竞争力。

四、大数据环境下电子商务供应链优化的策略

（一）优化策略的制定

在大数据环境下，电子商务供应链的动态调整是实现高效运营的关键。为了实现供应链的优化，需要制定合适的优化策略。下面介绍优化策略的制定过程。

在制定优化策略之前，需要对供应链现状进行全面的分析和评估。这包括对各个环节的性能指标进行测量和评估，了解供应链中存在的问题和“瓶颈”。通过对现状的分析，企业可以找到供应链的短板，并为制定优化策略提供依据。

根据分析的结果，确定优化策略的目标。优化策略的目标应当与供应链优化的目标相一致，既要考虑降低成本、提高效率，也要注重提升服务质量和客户满意度。根据供应链的特点和需求，制定出具体可行的目标。

选择适合的优化方法和工具。在大数据环境下，供应链优化可以借助各种分析工具和算法来实现。例如，可以利用数据挖掘技术挖掘供应链中的隐藏信息，识别出关键节点和关键路径；可以运用优化算法对供应链进行优化调整，以最大限度地降低成本、缩短周期等。

制定的优化策略需要落地实施，并进行效果评估。优化策略的实施需要全面考虑供应链各个环节的配合和协同，确保各项措施能顺利推进。在实施过程中，需要

不断监控和评估优化策略的效果，以及对不符合预期的情况及时进行调整和改进。

（二）优化策略的实施

在大数据环境下，电子商务供应链优化策略的实施至关重要。以下是一些实施优化策略的方法和步骤。

其一，对现有的供应链流程进行全面的分析和评估。通过数据挖掘和分析技术，企业可以了解到供应链中存在的不必要的环节和“瓶颈”。根据这些数据，企业可以制定出更为精确和科学的优化策略。

其二，重视供应链网络的重组和整合。合理调整供应商、制造商和分销商之间的关系和合作模式，以及重新设计物流和仓储系统，可以实现整个供应链网络的优化。这包括选择合适的供应商和合作伙伴，建立长期的合作关系，并优化物流路径和库存管理。

其三，利用大数据分析技术，对供应链中的各个环节进行实时监控和管理。收集和分析供应链中各个环节的数据，可以从中快速发现存在的问题和异常，并及时采取相应的措施进行调整。例如，可以利用数据预测技术来预测需求变化，从而调整生产和库存计划，以满足市场需求。

其四，供应链优化应该成为一个持续不断的过程。企业需要不断地对优化策略进行评估和调整。通过收集和分析实施优化策略后的数据，企业可以评估其效果，并根据评估结果来进一步调整和改进策略。同时，企业还可以借鉴其他企业的成功经验和最佳实践，不断改进和优化供应链。

第二节　基于大数据技术的电子商务供应链供应商管理优化

一、基于大数据技术的电子商务供应链供应商管理优化的目标

（一）提高供应商的响应速度

为了推进电子商务供应链的优化，提高供应商的响应速度成为一项重要的管理优化目标。在当前快节奏、激烈竞争的商业环境下，供应商的响应速度直接影响着企业的竞争力和市场地位。因此，为了实现供应商管理的优化，需要注意以

下几个方面。

1.建立有效的沟通渠道

与供应商之间建立畅通的沟通渠道对于及时获得供应商的响应十分重要。通过建立电子商务平台、实施供应商管理系统等措施，实现线上线下信息共享和即时沟通，可以大大缩短响应时间，提高供应商的反应能力。

2.加强供应商关系管理

建立稳固的供应商关系是提高供应商响应速度的重要基础。与供应商建立长期合作关系，建立信任和合作的基础，可以有效地推动供应商更加积极地响应企业的需求。另外，定期开展供应商评估和反馈，及时发现和解决潜在问题，也有助于提高供应商的响应速度。

3.优化供应链流程

对供应链流程进行精细化管理和优化，可以减少冗余环节和避免时间浪费，提高供应商响应的效率。例如，采用先入先出的原则管理库存，避免因为过期或积压库存而导致供应商响应不及时。优化物流配送、协调供应链各环节紧密配合，也有助于加快供应商的响应速度。

(二)降低供应商管理成本

通过有效地降低供应商管理成本，企业可以提高其竞争力并获得更大的利润空间。在降低供应商管理成本方面，可以采取以下策略。

1.建立合理的供应商评估机制

通过建立供应商评估机制，企业可以对供应商的绩效进行全面评估和监控。合理的供应商评估机制可以帮助企业识别出表现良好的供应商，并与其建立长期合作关系，减少不必要的变更和管理成本。

2.采用电子化的供应链管理系统

电子化的供应链管理系统可以帮助企业实现供应商管理的自动化和标准化，降低人力成本和物流成本。通过电子化系统，企业可以实时监控供应商的交货情况、库存状况等信息，及时地调整供应链策略，提高供应链的效率。

3.强化供应商协同合作

供应商协同合作是降低供应商管理成本的重要手段之一。通过与供应商建立密切的沟通和合作关系,企业可以更好地理解供应商的需求和能力,并与其共同制定优化供应链的策略。此外,企业可以与供应商共享信息、技术和资源,进一步降低供应链的成本,提高供应链的整体效益。

4.优化供应商管理流程

优化供应商管理流程可以帮助企业识别和消除效率低下的环节,从而降低管理成本。企业可以通过分析供应商管理流程,找出存在的问题和“瓶颈”,并对其进行改进和优化。同时,借助先进的大数据技术,企业可以对供应商管理流程进行实时监控和分析,及时发现潜在的问题并采取相应的措施。

(三)提升供应商的服务质量

1.建立明确的服务标准和指标

在与供应商签订合同之前,应该明确规定服务要求,并制定相应的衡量标准,如交货准时率、产品质量评级等。通过明确的标准对供应商的绩效进行评估和监控,可以确保他们提供高质量的服务。

2.加强与供应商的沟通与合作

企业应该与供应商建立密切的合作关系,共同解决问题,互相支持。定期进行沟通会议,分享最新的市场信息和需求变化,帮助供应商更好地理解企业自身的需求,并提供适应性更强的服务。通过合作,企业与供应商可以共同寻找改进的机会,并提升供应商的服务水平。

3.制订供应商培训和发展计划

企业可以与供应商合作,共同开展培训,提升他们的技能和专业知识,以更好地满足自身的要求。培训内容可以包括产品知识、质量管理、供应链管理等方面。通过培训和发展计划,供应商可以提高服务能力,能够更好地适应市场变化和满足客户需求。

4.建立供应商绩效评估机制

可以建立供应商绩效评估指标体系，包括交货准时率、产品质量、客户满意度等方面，并定期对供应商进行评估。通过绩效评估，可以及时发现问题并采取相应措施，确保供应商提供稳定和高质量的服务。

二、基于大数据技术的电子商务供应链供应商管理优化的原则

（一）以数据为导向

以数据为导向的供应商管理原则是基于大数据技术的电子商务供应链管理的一个重要方面。在供应商管理中，充分利用大数据分析和挖掘手段，可以更好地了解和把握供应商的情况，为管理决策提供准确的依据。为此需要做好以下工作。

1.建立健全的数据收集和分析系统

与供应商建立信息共享与交换机制，能够及时获取供应商相关的数据，包括供应商的历史交易数据、产品质量数据、绩效评估等。同时，建立供应商评估指标系统和评估模型，能够对供应商进行全面、深入的评估和分析，以便做出更准确的决策。

2.运用数据分析和挖掘手段，对供应商进行细致的分析

对历史数据进行回顾和分析，可以从中了解供应商的供货能力、交货准时率、产品质量稳定性等方面的情况。同时，还可以通过对市场数据和竞争对手数据的分析，了解供应商在市场中的地位和竞争力。基于这些分析结果，可以对不同的供应商进行分类和排序，以便更好地进行资源分配和决策。

3.建立基于数据的决策机制

在供应商管理过程中，要充分利用数据来进行决策，并将数据作为决策的重要依据。建立决策模型和算法，能够对供应商的绩效、风险和潜力等进行评估，从而制定有针对性的管理策略和措施。同时，还可以通过数据实时监测和反馈机制，及时调整和优化供应商管理方式，实现供应链的高效运作和优化。

4. 不断改进和优化管理过程

通过对数据的不断分析和挖掘，企业可以发现供应商管理中存在的问题和潜在的风险，从而及时采取相应的措施和策略进行改进。同时，可以借助大数据技术，不断优化供应商选择、评估和绩效管理等环节，提高整体供应链的运作效率和质量。

（二）动态优化

动态优化的供应商管理是基于大数据技术的电子商务供应链管理的重要环节。在实践中，供应商管理需要根据市场需求和变化来不断调整和优化，以确保供应链高效运作和持续发展。动态优化需注意以下四个方面。

1. 动态优化是基于数据的决策

大数据技术的应用使企业可以收集、分析和利用各类供应链数据，从而更加准确地评估供应商的表现和绩效。通过对供应商数据进行整合和分析，企业可以及时发现存在的问题和机会，并根据数据来做出决策，有效地优化供应商管理策略和方法。

2. 动态优化强调持续的协同合作

在电子商务供应链中，供应商和企业之间的协同合作是实现优化的关键。通过建立信任和透明的关系，供应商和企业可以共享信息、共同制定目标、协同解决问题，从而实现供应链的整体优化。动态优化的供应商管理原则要求企业与供应商紧密合作，不断改进和创新，以适应市场变化和竞争压力。

3. 动态优化涉及灵活性和快速响应能力

在电子商务供应链中，市场需求和供应环境变化频繁，供应商管理人员需要具备灵活的应对能力。供应商管理团队应该及时获取市场信息，分析市场趋势，快速调整供应商的选择和管理策略，以适应市场变化。灵活性和快速响应能力使企业能够捕捉机会，降低风险，并保持竞争优势。

4. 动态优化注重风险控制

供应商管理中存在各种风险，如供应商合规性风险、供应风险、质量风险等。

为了有效控制这些风险，动态优化的供应商管理原则要求企业建立健全的风险管理机制。这包括对供应商进行风险评估和监控、建立风险预警机制、制定相应的应对措施等。通过风险控制，企业可以降低供应链的不确定性，保障供应链的稳定性和持续性。

（三）协同共赢

协同共赢的供应商管理原则是指在电子商务供应链中，供应商与企业之间通过合作与共享，实现双方共同发展和利益最大化。协同共赢原则不仅有助于优化供应商管理，提高供应链效率，还能够建立稳定的合作关系，并增强企业的竞争力。

1. 共同的目标和价值观是实现协同共赢的基础

供应商和企业应该明确共同的目标，即通过合作实现互利互惠。这需要建立开放、透明的沟通机制，以便双方能够及时沟通和合作，有效解决问题，并采取共同的决策。

2. 共享信息和资源是实现协同共赢的重要手段

供应商和企业应该建立起信息共享机制，包括供应商提供的关键数据、市场情报、销售数据等。通过共享信息，双方可以更好地了解市场需求和发展趋势，从而做出更加合理的决策。此外，资源共享也是非常重要的，双方可以分享生产设备、仓储设施等资源，以提高效率和降低成本。

3. 建立密切的合作关系是实现协同共赢的关键

供应商和企业之间应该建立起长期稳定的合作关系，互信和互助，共同发展。这包括及时支付供应商款项、制订供应商培训计划、提供技术支持等。同时，企业也可以与供应商合作开展创新项目，共同研发新产品或改进现有产品，从而提升市场竞争力。

（四）风险控制

在电子商务供应链中，通过有效的风险控制，企业能够减少潜在风险对供应链的影响，保证供应商环节稳定运作，并加强企业的竞争优势。

基于大数据技术的风险控制源于对大量实时数据的监控和分析。企业可以借助大数据技术收集和整理供应商相关数据,包括供应商的财务状况、供货能力、产品质量等信息,通过对这些数据的分析,及时发现潜在的风险,并采取相应的措施。

动态优化是风险控制的重要策略之一。在电子商务供应链中,供应商管理需要保持与市场环境、行业需求的关联性。因此,企业应该根据需求变化,不断优化供应商选择和管理策略。通过供应商评估和反馈机制,定期对供应商进行评估,及时调整和优化供应商合作关系,避免风险的产生和扩大。

协同共赢是风险控制的核心原则之一。在电子商务供应链中,供应商的合作和协同是保证供应链顺畅运作的关键。企业应该与供应商建立良好的合作关系,共同协作解决供应链中存在的问题,共同分担风险和分享利益。通过建立长期稳定和互信的合作关系,降低不确定性和风险。

风险控制的供应商管理原则还需要注重风险预警和应急响应能力的建设。企业应该建立及时的风险预警机制,发现和分析潜在风险,并采取相应的措施进行应对。同时,企业还应该建立健全的应急响应机制,以便在面临突发风险时能够快速反应并采取有效的应对措施。

三、基于大数据技术的电子商务供应链供应商管理优化的策略

(一)供应商选择与评价策略

在电子商务供应链中,供应商选择与评价是供应链管理优化的重要策略。为了实现供应商管理的有效与优化,需要采取一系列科学的策略来进行供应商选择与评价。

1.供应商的选择应该基于客观的标准和综合考量

为了做出最佳选择,需要采用多维度的评价体系,包括但不限于供应商的质量管理体系、交货能力、成本控制能力以及服务水平等指标。通过定量和定性的评估,对供应商的实力和能力进行全面评估,为后续的合作提供参考和依据。

2.供应商的评价应该是持续的和有针对性的

供应商的绩效评价应该基于一定的周期,如季度或年度,以确保评价的准确

性和时效性。评价结果应该及时反馈给供应商，可以通过会议、电话、邮件等方式与供应商进行反馈沟通，并协商改进方案。在评价供应商过程中，应重点关注供应商的改进和创新能力，以鼓励供应商不断推动自身发展。

3.供应商的选择与评价应该与供应链的整体协调和有机性相结合

在选择供应商时，应该考虑到供应链中其他环节的要求和特点，并与之相匹配。同时，在评价供应商过程中，应与其他环节进行沟通和协调，共同解决问题，推动供应链协同发展。这种协同的评价策略能够提高供应链的整体效能和竞争力。

（二）供应商激励与约束策略

在电子商务供应链管理中，适当的激励可以激发供应商的积极性，促使其更好地履行合同并提供高质量的产品或服务。同时，合理的约束机制可以规范供应商的行为，防止其违约或提供低质量的产品或服务。

1.供应商激励可以通过建立奖励机制来实施

明确目标和指标，并与供应商签订奖励协议，可以激励供应商在合同期内达成或超越预期目标。奖励可以包括提前支付货款、额外的订单量、特殊的市场推广支持等。此外，还可以设立供应商绩效评估体系，将供应商的表现与奖励挂钩，激励其提供更好的产品或服务。

2.供应商约束可以通过建立惩罚机制来实施

对于供应商的合同违约行为，可以采取相应的惩罚措施，如罚款、暂停订单、解除合作关系等；同时，引入供应商保证金制度，明确约定保证金的数额以及返还条件，可以更有效地约束供应商的行为，确保其履行合同义务。

3.供应商激励与约束可以通过加强供应商与企业之间的合作与沟通来实现

建立供应商评价机制，定期对供应商的表现进行评估，并与供应商进行沟通，及时反馈评估结果，可以激励供应商根据需求做出调整。同时，供应商的信息共享与协同也很重要，通过共享关键信息，如市场需求、产品设计等，供应商与企业可以实现协同作业，提高供应链的效率和灵活性。

(三)供应商信息共享与协同策略

在基于大数据技术的电子商务供应链中,供应商信息共享与协同策略起着至关重要的作用。通过有效的信息共享与协同机制,供应链中的各个供应商能够实现更高效的运作,提高供应链的整体效能。

供应商之间的信息共享是实现供应链协同的基础。通过共享供应商的销售数据、库存信息、生产计划等关键信息,供应链中的各个环节能够更好地协调和配合,提前预测需求变化,做出相应的调整。例如,供应商可以通过共享市场销售数据,及时了解产品受欢迎程度,根据需求预测调整生产计划,减少库存积压或缺货情况,提高供应链的运作效率。

供应商之间的协同合作是实现供应链优化的关键要素。建立供应商之间的合作机制和协同机制,可以在供应链中实现资源的有效优化和利用。供应商可以共同制订采购计划、整合物流资源、共享仓储设施等,以减少重复投资和资源浪费,提高供应链的整体效益。例如,供应商可以通过合作共享仓储设施,减少库存成本,提高物流效率,降低供应链运营成本。

建立统一的供应链信息平台和协同平台也是实现供应商信息共享与协同的重要手段。通过建立统一的信息平台,供应商可以实现数据的实时共享和传递,及时获取供应链各种相关信息。建立协同平台可以促进供应商之间的互动和协作,提高供应链的透明度和可控性。例如,通过供应商协同平台,供应商之间可以及时进行沟通和协商,共同解决问题,提高供应链的反应速度和灵活性。

第三节　基于大数据技术的电子商务供应链协同管理优化

一、基于大数据技术的电子商务供应链协同管理优化的目标

(一)提高供应链效率的优化目标

在电子商务供应链协同管理中,提高供应链效率是一个重要的优化目标。供应链效率是指在整个供应链过程中,各个环节运作流畅、高效,并能够以最短的时间和最低的成本完成商品的生产和流通。提高供应链效率可以带来许多好处,如

减少库存周转时间、降低运输成本、缩短订单执行周期等。同时，提高供应链效率还能够增强企业的竞争力，提升客户满意度。为了实现提高供应链效率的目标，需要采取以下具体措施。

1.优化供应链物流

优化供应链物流包括合理规划仓储布局、优化物流路线、提高运输效率等。优化物流环节，可以减少物流中的损耗和浪费，提高仓储和运输效率，从而提高供应链的整体效率。

2.优化供应链协同

供应链的各个环节和参与者之间的协同合作是提高供应链效率的关键。可以采用信息技术手段，建立供应链协同平台，通过信息共享、协同决策等方式，促进供应链各个环节的协同运作，降低信息传递和沟通的时间成本，提高供应链的协同效率。

3.优化供应链采购和供应

供应链采购和供应环节是影响供应链效率的重要因素。可以通过优化供应商选择、建立长期合作关系、加强供应链风险管理等方式，提高供应链采购和供应的效率。合理选择供应商，可以提高供应链的稳定性和灵活性，降低库存成本，并提高响应速度和客户满意度。

（二）精确预测需求的优化目标

准确地预测需求可以帮助企业更好地安排生产、采购和物流等环节，从而实现供需平衡，并在市场竞争中获得优势。在电子商务背景下，消费者需求的多样性、复杂性以及变化的速度都在不断增加，这对精确预测需求提出了更高的要求。

精确预测需求的优化目标包括以下几个方面。

1.提高预测的准确度

精确预测需求的核心在于准确地预测市场的需求量和需求变化趋势。为了提高预测准确度，需要采用多种方法和技术，如统计分析、时间序列分析、机器学习等。对历史数据和相关因素进行分析，可以更好地预测未来的需求情况，帮助企业做出更准确的决策。

2.缩短预测周期

在电子商务中,需求的变化速度非常快,企业需要在最短的时间内做出响应。因此,缩短预测周期是精确预测需求的另一个重要方面。优化预测模型和算法,加速数据处理和分析的速度,可以更快速地实现预测结果的生成。这样,企业可以更及时地调整供应链的运作,以满足市场需求。

3.提高预测的灵活性

在电子商务环境下,产品的生命周期较短,市场需求的变化也非常频繁。因此,预测需求的灵活性是优化目标之一。灵活性包括两个方面:一是能够快速适应需求变化,及时更新预测模型和数据;二是能够针对不同的产品、地区和时间段进行个性化的预测。采用灵活的预测方法和工具,可以更好地应对市场变化,提高企业的竞争力。

4.提高预测的精细化

在电子商务供应链中,产品种类繁多,消费者需求的个性化越来越突出。因此,提高预测的精细化是优化目标之一。对不同产品、不同地区和不同渠道的需求进行细分,并借助用户数据库和行为分析等技术手段,可以更好地预测不同群体的需求特征,为企业供应链管理提供精准的参考。

(三)提升供应链透明度的优化目标

在现代电子商务供应链管理中,供应链透明度的提升能够增强供应链各成员的协同合作能力,优化供应链流程,减少信息不对称和风险,提高供应链运营效率和灵活性。

建立实时数据采集和共享平台,可以实现供应链各环节数据信息的全面监控与共享。这使供应链各参与方能够及时获得产品的相关数据和信息,包括库存情况、物流运输情况、销售数据等。可以通过数据分析和挖掘技术,对这些数据进行深入分析,发现潜在的问题和“瓶颈”,促进供应链优化和升级。

应用智能化的大数据分析和预测技术,可以实现对供应链未来情况的精确预测。准确预测需求的变化趋势,有助于企业进行合理的生产和库存管理,避免库存积压和产品过剩的情况发生。对于销售预测和供应链风险的分析,也能够使企业及时做出调整和采取应对策略,确保供应链的稳定性和灵活性。

建立供应链信息平台，将供应链成员的信息和资源进行集成和共享。这有助于减少信息不对称，提高供应链的协同配合能力。供应链各参与方可以通过平台进行信息的实时交流和沟通，及时解决问题和协调资源，提高供应链的运作效率和响应能力。通过对供应链数据的整合和分析，发现供应链中可能存在的"瓶颈"和问题，进一步优化供应链运作和管理。

在提升供应链透明度的过程中，管理者需要充分发挥大数据技术的优势。管理者不仅要能够处理和分析大量的数据，还需要具备正确理解数据结果的能力和决策能力。因此，为了实现提升供应链透明度的优化目标，企业需要提升自身的数据分析和管理水平、培养数据分析人才，并且与技术供应商合作，共同推动供应链的协同管理优化。

二、基于大数据技术的电子商务供应链协同管理优化的原则

(一)数据共享原则

数据共享是电子商务供应链协同管理的基础，实现数据的全面共享，可以提高供应链内外各方之间的协同效能。要实现数据共享，有以下几点需要注意。

1.建立统一的数据标准和格式

供应链中涉及各类数据，如销售数据、库存数据、物流数据等，应该制定统一的数据标准和格式。这样可以确保各方之间能够顺畅地共享数据，并且避免因为数据格式不一致而导致的信息交流障碍。

2.建立适当的访问权限和控制机制

数据共享需要考虑各方的不同角色和权限，有些数据可能只对特定的供应链参与方可见，有些数据可能需要进行加密或者匿名化处理。因此，需要建立相应的访问权限和控制机制，确保数据共享的安全性和隐私保护。

3.建立高效的数据交换平台

为了实现供应链中大量数据的共享，一个高效的数据交换平台是必不可少的。该数据交换平台应该能够支持实时数据的传输和处理，并且能够与各类信息系统对接，实现数据的无缝集成和交流。

4.建立数据质量管理机制

数据共享只有在数据高质量的前提下才能发挥作用。因此,需要建立数据质量管理机制,包括数据的准确性、完整性、一致性和及时性等方面的管理。这可以通过建立数据质量评估指标和数据审查机制来实现。

(二)流程集成原则

在电子商务供应链协同管理优化中,流程集成原则强调在供应链协同管理过程中,各个环节之间的紧密衔接和高效协作。流程集成可以实现信息共享、资源整合和任务协同,从而提高整体供应链协同管理的效能和效率。具体来说,流程集成原则涉及以下几个方面。

1.流程集成要求将供应链中各环节的业务流程进行整合和优化

优化和整合现有的业务流程,可以消除重复和冗余的环节,减少资源浪费,提高工作效率。例如,在物流方面,可以采用智能化的物流管理系统,实现订单、仓储和运输的一体化,避免因为信息流断裂导致的延误和错误。

2.流程集成要求建立起高效的信息共享机制

信息共享对于协同管理至关重要。通过建立信息共享平台和采用统一的信息交流标准,不同环节的参与方可以实时、准确地共享所需的信息。这样可以避免信息不对称、信息孤岛等问题,提高供应链协同管理的精度和时效性。例如,在供应商和销售商之间,建立一个供应链信息共享平台,实时传递订单信息、库存信息和交货信息,可以使供应商更好地掌握销售商的需求,及时调整生产计划。

3.流程集成要求实现任务的协同执行

在供应链协同管理中,不同环节的任务和责任需要紧密协调和配合。建立协同决策机制和统一的任务分配方式,可以确保各个环节动作协调一致,提高整个供应链的执行效果。例如,在采购环节,与供应商进行协同计划和协商,确定供应量、交货期等关键信息,避免因为采购与供应时间不一致而造成的库存积压或缺货问题。

4. 流程集成要求建立高效的风险共担机制

供应链管理中存在各种风险，如物流延误、供应商破产等。建立风险共担机制，可以实现风险的共担和共同应对。各环节的参与方可以共同承担风险，通过互助和协作，减小风险事件对整个供应链的影响。例如，在选择供应商过程中，可以考虑多个备选供应商，以降低因为单一供应商破产而导致的供应中断的风险。

（三）协同决策原则

协同决策原则强调各个参与方之间的合作与协调，以实现供应链决策的协同化。协同决策原则的核心在于通过信息共享和共同参与决策过程，将各方的知识和经验汇集起来，以最大限度地提高决策的准确性和效率。

1. 协同决策原则要求各参与方能够共享信息

电子商务供应链中涉及大量的数据和信息，而这些信息是供应链协同管理的基础。建立信息共享平台和采用适当的信息技术手段，可以实现供应链各环节的信息共享。在决策过程中，各方可以基于共享的信息进行分析和评估，从而更好地进行决策。

2. 协同决策原则强调流程集成

供应链协同管理需要各个环节之间的协调与衔接，有效的决策流程是实现协同化的基础。分析供应链中的关键决策环节，建立起相应的决策流程，并将各环节有机地结合起来，可以减少信息滞后与传递误差，提高决策的管理效能。

3. 协同决策原则要求各参与方共同参与决策

供应链协同管理并不是单一参与方的决策，而是需要各参与方共同参与、共同决策的过程。建立协同决策机制和决策团队，能够有效地利用各参与方的资源和优势，形成决策的集体智慧，以更好地应对各种挑战和变化。

4. 协同决策原则强调风险共担

电子商务供应链中存在各种风险，如库存风险、市场风险、供应风险等。通过建立风险共担机制，各参与方能够分担风险和责任，共同应对风险挑战，降低风险带来的不确定性。这有助于提高供应链的稳定性和灵活性，确保供应链的持续创新和竞争优势。

(四)风险共担原则

在电子商务供应链中,各参与方都面临各种潜在的风险,如供应商延迟交货风险、物流运输故障风险、市场需求变化风险等。在这种情况下,为了降低风险对供应链协同管理的不利影响,风险共担原则应运而生。

1.风险共担原则强调各参与方之间的互惠互利

在供应链协同管理中,各参与方应该共同承担风险,并愿意主动分享好的实践经验和应对策略,以提高整个供应链的应对能力。这种互惠互利的风险共担可以有效地加强供应链中各环节之间的合作和沟通。

2.风险共担原则强调信息共享的重要性

信息在电子商务供应链管理中起着关键作用,对于风险的预警和控制尤为重要。各参与方应该建立起高效的信息共享机制,及时将风险信息传递给供应链中其他环节的参与方,以便能够共同应对风险,并及时采取相应的措施。

3.风险共担原则强调风险的分散和分担

在供应链中,不同环节可能面临不同的风险。一方面,各参与方应该采取措施降低自身所面临的风险,如加强内部流程管理、提高产品质量等;另一方面,各参与方应该充分利用供应链合作关系,通过合理的风险转移和共担机制,将风险分散到整个供应链中,从而降低自身的风险承担压力。

4.风险共担原则强调建立健全的风险管理机制

风险管理是电子商务供应链协同管理的重要环节,供应链中的各参与方应该建立有效的风险评估、监控和应对机制。只有采取全面的风险管理措施,才能最大限度地降低供应链中的风险,提升协同管理的效果。

三、基于大数据技术的电子商务供应链协同管理优化的策略与实践

(一)利用大数据进行需求预测策略

需求预测在电子商务供应链协同管理中起着至关重要的作用。借助大数据

技术，可以更准确地预测市场需求，并据此制定合理的协同管理策略。

在利用大数据进行需求预测之前，需要收集并整理大量的历史销售数据、客户行为数据及市场趋势数据等。对这些数据进行分析和挖掘，可以发现潜在的销售规律和趋势以及客户的偏好和需求。

针对不同的产品或服务，可以采用不同的预测模型进行需求预测。例如，对于季节性产品，可以使用时间序列模型或季节性指数模型进行预测；对于新产品，可以基于相似产品的销售数据进行协同过滤预测；对于高频消费品，可以利用马尔科夫链模型进行连续性预测。

在预测过程中，还可以借助机器学习算法对数据进行训练和建模，以提高预测的准确性。例如，可以使用回归分析、神经网络、支持向量机等算法来构建预测模型，并通过不断优化模型参数和特征选择来提高预测的精度。

需要注意的是，需求预测并非完全准确，而是存在一定的误差。因此，在制定协同管理策略时，应该考虑预测结果的可靠性和可信度，并结合实际情况进行调整和决策。同时，及时跟踪和监测市场动态，根据市场变化及时调整预测和策略，以保持供应链的灵活性和适应性。

（二）构建高效的信息共享机制策略

1. 建立统一的信息平台

建立统一的信息平台，实现各个参与方之间信息的快速传递和共享。这个平台可以集成各种信息系统和技术，如企业资源管理系统、供应链管理系统、物流管理系统等，将各个环节的信息汇总到一个统一的平台上，方便不同参与方进行信息查询和交流。

2. 优化信息传递流程

在现有的供应链管理中，信息往往需要经过多个环节的传递才能到达目的地，这样容易导致信息传递延迟和信息失真。因此，需要优化信息传递流程，简化流程，减少环节，提高信息传递的效率。可以通过引入自动化技术和智能化系统来实现信息的实时传递和准确性。

3. 建立合理的信息共享机制

在信息共享过程中，需要建立合理的机制来保障信息的共享和保密性。可以采用权限管理、加密技术等手段，确保只有经过授权的人员才可以访问和使用信息。在信息共享过程中要注重信息的安全性，加强网络安全措施，防止信息泄露和恶意攻击。

4.增强合作和共享意识

信息共享不仅是技术层面的问题，而且是参与方之间合作和共享意识的问题，因此，需要培养共享意识，提高参与方的合作能力和信息共享的积极性。可以通过开展培训和教育，加强沟通和合作，建立信任和互助的关系，共同推动信息共享的实施和落地。

（三）引入先进的供应链管理模型实践

在电子商务供应链协同管理优化策略中，引入先进的供应链管理模型可以帮助企业更好地协同管理供应链的各个环节，提高供应链整体运作效率和协同效果。

引入先进的供应链管理模型可以帮助企业厘清供应链中的关系网，并明确各个环节之间的依赖关系。通过建立模型，企业可以清晰地看到信息、物流以及资金等资源在供应链中的流动路径，从而更好地规划和调整运作策略。

引入先进的供应链管理模型能够帮助企业更好地掌握供应链的变动趋势和风险因素。模型可以分析历史数据和实时数据，预测供应链中可能出现的问题和风险，并提供相应的应对策略。这样，企业可以及时采取措施，减少供应链的不确定性，提高供应链的灵活性和应对能力。

引入先进的供应链管理模型可以帮助企业优化供应链中的各个环节，提升整体效率。通过模型分析和优化，企业可以找到供应链中存在的“瓶颈”和低效环节，并采取相应的措施进行改进。例如，可以通过优化物流路径、合理分配库存等方式，提高供应链中货物的流转速度和效率。

引入先进的供应链管理模型需要企业提供相应的技术和组织支持。企业需要建立相应的信息系统和数据平台，确保数据的准确性和及时性。同时，还需要建立跨部门和跨组织的沟通机制，以促进信息共享和协同决策。只有在技术和组织的全面支持下，先进的供应链管理模型才能够发挥其应有的价值。

参考文献

[1]余肖生，陈鹏，姜艳静. 大数据处理[M]. 武汉：武汉大学出版社，2020.

[2]林俊毅. 电子商务理论与案例分析[M]. 北京：化学工业出版社，2020.

[3]赖玲玲，何晓峰，黄春松主编. 电子商务基础与实务[M]. 北京：中国人民大学出版社，2023.

[4]徐文瑞，文林莉主编. 电子商务数据分析[M]. 北京：人民邮电出版社，2023.

[5]彭玲主编. 电子商务项目管理[M]. 北京：人民邮电出版社，2023.

[6]邵贵平. 电子商务供应链管理[M]. 北京：人民邮电出版社，2020.

[7]沈易娟，杨凯，王艳艳主编. 电子商务与现代物流[M]. 上海：上海交通大学出版社，2020.

[8]李芷巍. 大数据在智能物流中的应用[M]. 北京：电子工业出版社，2021.

[9]童杰，冉孟廷，肖欢. 大数据采集与数据处理[M]. 上海：上海交通大学出版社，2022.

[10]赵松岭，任永珍，赵娆. 电子商务下的供应链物流管理研究[M]. 长春：吉林大学出版社，2020.

[11]张桂兰. 供应链管理[M]. 成都：电子科技大学出版社，2020.

[12]李永飞主编. 电子商务供应链管理[M]. 北京：人民邮电出版社，2023.

[13]杨伶俐. 智慧物流与智慧供应链[M]. 杭州：浙江大学出版社，2022.

[14]蒋定福，刘蕾，董新平. 电子商务概论[M]. 北京：清华大学出版社，2020.